सुन्दर लोग और अन्य कविताएँ

लाल्टू

वाणी प्रकाशन

वाणी प्रकाशन

4695, 21-ए, दरियागंज, नयी दिल्ली 110 002

शाखा

अशोक राजपथ, पटना 800 004

फ़ोन: +91 11 23273167 फ़ैक्स: +911123275710

www.vaniprakashan.in
vaniprakashan@gmail.com

SUNDAR LOG AUR ANYA KAVITAYEN
by Laltu

ISBN : 978-93-5000-728-0
Poetry

प्रथम संस्करण 2012

आवृत्ति संस्करण 2014

मूल्य : ₹300

आवरण : डॉ. लाल रत्नाकर

आर. टेक ऑफ़सेट, दिल्ली-110095 में मुद्रित

वाणी प्रकाशन का लोगो मक़बूल फ़िदा हुसेन की कूची से

भूमिका

'सुन्दर लोग' कविताओं को सुनकर अग्रज कवि असद जैदी ने सुझाव दिया कि संग्रह का नाम भी यही रखा जाए। हालाँकि ये चार कविताएँ विशेष प्रसंग में लिखी गयी थीं, 'सुन्दर लोग' का अर्थ व्यापक है। ये सुन्दर लोग मेरे बाहर ही नहीं, मेरे अन्दर भी हैं। सुन्दर लोग वह मध्य वर्गीय और उदारवादी मानसिकता है जो सब कुछ जानते हुए भी गैर-बराबरी की व्यवस्था और उसके पैरोकारों को स्वीकार करती है। घोर उदासीनता से ग्रस्त यह सोच हमारी पहचान बनती जा रही है। हम मानव विरोधी व्यवस्थाओं में हिस्सेदार होते जा रहे हैं। चाहे अनचाहे मैं इन स्थितियों के स्केच बनाता हूँ। मेरे दुःख जो हैं सो हैं, ये दरअसल बहुत सारे ईमानदार दोस्तों के दुःख हैं जिनको मैं कहना चाहता हूँ। ये दुःख हमारी कमजोरी नहीं हैं, इनकी पहचान करते हुए हम सब बेहतर इंसान बनने के संघर्ष में लगातार जुटे हुए हैं। हमारी सारी युक्तियाँ, सारे तर्क इसी संघर्ष का हिस्सा हैं और बार-बार गलतियाँ करते हुए हम फिर से उठ खड़े होने के गुर सीखते हैं । हमारा सौन्दर्य-बोध, हमारा प्रेम, इस संघर्ष से अछूता नहीं रह सकता। हारते रहने के अनगिनत कारण हैं, पर आश्वस्त होने के भी कारण कम नहीं। मैं उम्मीद के साथ जीता हूँ, हालांकि बकौल गालिब यह कविता की जरूरत सी है कि कोई उम्मीद बर नहीं आती।

संग्रह की अधिकतर कविताएँ नयी हैं, कुछ बहुत पुरानी भी हैं। अधिकतर प्रतिष्ठित पत्रिकाओं में प्रकाशित हैं, कुछ अप्रकाशित भी हैं। ज्यादातर पिछले दशक में लिखी हैं। तमाम सीमाओं के बावजूद इकहरा जीवन नहीं जीता हूँ, इसलिए मिजाज़ में विविधता है। शीर्षक से यह भ्रम न हो कि सभी कविताएँ एक ही विचार की हैं।

समकालीन अन्य साथी रचनाकारों से मेरी बातचीत कम ही हो पाती है, पर कई शुभ चिन्तकों का इस संग्रह के सामने आने में योगदान रहा है। प्रो॰ मैनेजर पांडेय ने पिछले संग्रह पर प्रोत्साहक टिप्पणी कर हिम्मत दी कि लिखना जारी रखूँ। पिछले संग्रह की तरह इस बार भी भारतभूषण तिवारी ने कविताओं को क्रम में सजाया है। उस जैसे मित्रों का होना मेरी ताकत है। यह खुशकिस्मती मेरी कि प्रो॰ नंदकिशोर

आचार्य मेरे संस्थान में अतिथि अध्यापक बन कर आये और कविताएँ पढ़कर ब्लर्ब लिखने का भार उन्होंने स्वीकार किया। डॉ. लाल रत्नाकर ने स्नेहपूर्वक आवरण चित्र बनाने का आग्रह स्वीकार किया। और अनगिनत साथी हैं, जिनका आभार है पर सबके नाम लिखूँ तो लम्बी सूची बन जाएगी।

अरुण माहेश्वरी को धन्यवाद कि पुस्तक समय पर प्रकाशित हो गयी। अब यह पाठकों को समर्पित है।

हैदराबाद

लाल्टू

अनुक्रम

रद उड़ानें

उनकी तरफ उड़ानें बरसों पहले रद हो गयी हैं।

युवा कवि जो कापीराइटर बन गया,
अर्थशास्त्री जो एम एन सी का सी ई ओ है,
सरकारी गलियारों के वरिष्ठ कवि, समीक्षक, वैज्ञानिक, सबकी ओर
मेरी उड़ानें पटरी से ऊपर उठकर फिर उतर आती हैं।

यमुना पार बसे दोस्तों में एक के पास मेरा दिल है
उधर उड़ने से रोकता हूँ खुद को बार बार
वर्षों पहले रद हो चुकीं जो उड़ानें
उन्हें दुबारा उड़ने पर खुद ही खींच उतारता हूँ

हालाँकि सब के साथ खुद को भी लगता है कि
जमीं पर ही खड़ा हूँ हर क्षण।

(प्रतिलिपि 2009)

मैं अब और दुखों की बात नहीं करना चाहता

1

मैं अब और दुखों की बात नहीं करना चाहता
दुख किसी भी भाषा में दुनिया का सबसे गन्दा शब्द है
एक दुखी आदमी की शक्ल
दुनिया की सबसे गन्दी शक्ल है
मुझे उल्लास शब्द बहुत अच्छा लगता है
उल्लसित उच्चरित कहते हुए
मैं आकाश बन जाता हूँ
मेरे शरीर के हर अणु में परमाणु होते हैं स्पन्दित
जब मैं कहता हूँ उल्लास।

2

कौन सा निर्णय सही है
शास्त्रीय या आधुनिक
उत्तर या दक्षिण
दोसा या ब्रेड
सवालों से घिरा हूँ

3

चोट देने वाले को पता नहीं कि वह चोट दे रहा है
जिसे चोट लगी है वह नहीं जानता कि चोट थी ही नहीं
ऐसे ही बनता रहता है पहाड़ चोटों का

जो दरअस्ल हैं ही नहीं
पर क्या है या नहीं
कौन जानता है
यह है कि दुखों का पहाड़ है
जो धरती पर सबसे ऊँचा पहाड़ है
सम्भव है उल्लास का पहाड़ भी ऊँचा हो इतना ही
जो आँख दुखों का पहाड़ देखती है वह
नहीं देख पाती मंगलमन्दिर
यह नियति है धरती की
कि उसे ढोना है दुखों का पहाड़।

4

जो लौटना चाहता है
कोई उसे समझाओ कि
लौटा नहीं जा सकता
अथाह समन्दर ही नहीं
समान्तर ब्रह्माण्ड पार हो जाते हैं
जब हम निर्णय लेते हैं कि
एक दुनिया को ठेंगा दिखाकर आगे बढ़ना है
लौटा नहीं जा सकता ठीक ठीक वहाँ
जहाँ वह दुनिया कभी थी
यह एक अनसुलझी गुत्थी है
कि क्यों नहीं बनते रास्ते वापस लौटने के
क्यों नहीं रुकता टपकता आँसू और चढ़ता वापस
आँख की पुतली तक।

(शब्द संगत 2009)

आबादी बढ़ रही है आवाजों की

जिससे मिलना है उसकी आवाज से मिल चुका हूँ
क्या वह वैसा ही होगा जैसी उसकी आवाज है

आवाज में उत्तेजना है
आदमी नीले आसमान के कोने में उठता हुआ
बादल का टुकड़ा हो सकता है

यह अधेड़ की उत्तेजित आवाज है
इसमें सदियों तक हारते रहने का अहसास है

उसे भी सपने आते हैं
एक सुनी हुई आवाज से मिलने के

दिन ऐसे आ गये हैं कि हो सकता है
हम कभी न मिलें और
हमारी आवाजें मिलती रहें

आबादी बढ़ रही है दुनिया में आवाजों की।

(नया ज्ञानोदय 2009)

अपने उस आप को

अपने उस आप को कैसे समझाऊँ
हर निषिद्ध पेय उतारना चाहता कण्ठ में

हर आँगन के कोने में रख आता प्यार की सीढ़ी
बो आता घने नीले आसमान में उगने वाले बादलों के पेड़
जंगली भैंसे, मदमत्त हाथी
सबके सामने खड़ा चाहता महुआ की महक

हर वर्जित उत्तरीय ओढ़ता
सपने भी वही जिनके खिलाफ संविधान में कानून
बीच सड़क उड़ती गाड़ियाँ रोक
चाहता दुख, चाहता पृथ्वी भर का दुख
कहता सारे सुख ले लो
ओ सुखी लोगो, बच्चों को उनकी कहानियाँ दे द्रो

अपने उस आप को कैसे समझाऊँ
मृत्यु स्वयं भी सामने आ जाए तो पढ़ता कविता
चीख चीख कर रोता
राष्ट्रपति कलाम के भाषण दौरान

जब हर कोई मस्त उड़ रहा नशे में
बच्चों को बाँसुरी की धुन पर ले जाता दूर

अपने उस आप को कैसे समझाऊँ।

(साक्षात्कार 2006)

ढूँढ़ रहा है मोजे धरती के सीने में

ढूँढ़ रहा है मोजे धरती के सीने में
किसने छिपाए होंगे उसके मोजे गहरे गड्ढों में

वह आदमी ढूँढ़ रहा है
कविता जंगल जंगल
कौन है जो उसके छन्द चुराए
छिपा हुआ जंगलों में

वह आदमी कितना अजीब है
जिसे यह नहीं पता
कि मोजे और अल्फाज
आदमी के बदन पर रेंगते हैं

आदमी है कि भटकता बाहर
ढूँढ़ता गली गली
जब जंगल होते हैं उसके इर्द गिर्द
और धरती का सीना खुला होता है
उसको बेतहाशा प्यार देने के लिए।

(शब्द संगत 2009, इन्द्रप्रस्थ भारती 2009)

वह आदमी बस के इन्तजार में

वह आदमी बस के इन्तजार में
सड़क के तकरीबन बीचोंबीच आ खड़ा है
वह आदमी बीड़ी पी चुका है और
अब जरा सा हटकर थूक रहा है
वह आदमी मोपेड पर बैठा
अपनी हो सकती है प्रेमिका के साथ
हँस कर बात कर रहा है वह आदमी
किताब बगल में थामे सोच रहा है कि
कितना अच्छा है कि
शहरीकरण से मजबूर हो जाते हैं
लोग कुछ देर के लिए सही जातपात भूलने को
वह आदमी भीड़ से चिढ़ते हुए बढ़ रहा
कदम कदम वह आदमी थक चुका है
इतने सारे आदमियों से और बना है
आकाश समेट लिया है उसने सभी
आदमियों को अपने घेरे में

बस आती है तो अकेली नहीं
दुकेली आती है दो बसों में चढ़ते हैं
आदमी दो बसों से उतरते हैं आदमी

आकाश बना आदमी देखता है आदमियों को

आदमी इधर आदमी उधर
फैलाता है जरा सा और अँधेरी चादर वह

आदमी बस के इन्तजार में सड़क के तकरीबन बीचोंबीच आ खड़ा है।

(शब्द संगत 2009)

पसोपेश परस्पर

पसोपेश
शब्द ही ऐसा है कि
आप थोड़ी देर सोचते रहें
क्या क्यों कैसे

परस्पर भी शब्द है एक और को
पास लाने की अनुभूति देता हुआ
भले ही चीख रहे हों दो पास आये होंठ

जब आदमी पसोपेश में हो
तो किधर जाए
इन दिनों कहीं कोई जगह नहीं बची
लोग इस तरह हैं चारों ओर जैसे समन्दर में खारा पानी
परस्पर बन्द किए दरवाजे हैं कि खुलते ही नहीं
सड़कों पर चलते जाइए और देर हो जाती है
जब जानते हैं कि एक ही जगह में खड़े हैं

शुक्र है कि शब्द हैं
कहीं लिखे जाते हैं
कोई पढ़ता भी है
इस तरह परस्पर जूझते हैं हम पसोपेश की स्थिति से।

(शब्द संगत 2009)

कोई कहीं बढ़ रहा है

कोई कहीं बढ़ रहा है
पाँव पाँव कदम कदम बढ़ रहा है मानव शिशु
कोंपल कोंपल पत्ता पत्ता बढ़ रहा पौधा
तितली बनने को बढ़ रहा है कीट
जो दिख रहा है
उससे भी अधिक कुछ दिखता है
जो चलता है चलने के पहले चलता है मन ही मन वह।

(शब्द संगत 2009)

वह जब आता है

वह जब आता है
हर बात होती उसके हाथ

वह आता है तो लम्बे समय तक रहता है साथ
जो कुछ भी पढ़ता लिखता हूँ
उसके कहने पर ही करता हूँ
वह होता है हवा की नमी
सड़क की धूल या पिछवाड़े से आती
झींगुर, मेढक और चिड़ियों की आवाज
वह होता है हर जो कुछ है में
वह होता है उनमें भी जो नहीं हैं
वह होता है उस अहसास में
जो लम्बे समय से गौरैया के न दिखने से उगता है

वह है भी और नहीं भी
इस वक्त लिखता हुआ ढूँढ़ रहा हूँ उसे
देर रात उसे पुकारता हूँ
सुबह भी वही है
कौन क्या से परे हैं सवाल उसे लेकर
सड़कों गलियों से गुजरते हुए चीखता हूँ,
'कहाँ हो?'

नहाते हुए अचानक ही आती है उसकी याद
घबराकर देखता हूँ छिटकनी ठीक से लगी है या नहीं

काम काज में लगा चौंक सा जाता हूँ
दिल पर हाथ थामे गिनता हूँ धड़कनें
गुब्बार फूटता है आँसुओं का
'कहाँ हो?'

मैं ढूँढ़ता हूँ खाट के नीचे
ताक के ऊपर
पेड़ों की सबसे ऊँची डाल पर
पोखरों में तलछट पर
कहीं तो छिपा ही है वह
उसकी उपस्थिति है मेरे हर ओर
मेरी साँसों को बाँध रखा है उसने
अँधेरी गलियों से लौटता हूँ हर दिन
कहीं नहीं दिखता वह घोंटता है गला
निर्दयी से भी भयंकर है उसकी पहचान
देखा नहीं पागल किया कैसा मीरा को उसने
निस्तब्ध रातों को चीखता हूँ
'कहाँ हो?'

वह अकेला मेरी कविता की प्रेरणा
वही जिम्मेदार उन दिनों के लिए भी
जब कविता की जमीन बंजर थी
तुम मानो न मानो छूट नहीं सकता
वह मेरे उन पीले दिनों से
जब शोरगुल भीड़ के बीच मैं था रोता
और कोई नहीं था जो सहलाता

हालाँकि दिखता हूँ औरों को चिड़चिड़ा
उसके होने न होने की कचोट में रस लेने लगा हूँ
जो कहीं नहीं है वह अकेला
मेरी कविता की प्रेरणा

मुझमें भी मैं
तुममें भी मैं था ही
मीरा में भी मैं जब गाती उन्माद
'कहाँ हो?'

कभी कभी गाता हूँ
उसके साथ अनजाने पहाड़ी गीत
सुनता हूँ दूर जंगलों से आती बाँसुरी की आवाज
और लिखने देता हूँ उसे मेरी कविताएँ।

(शब्द संगत 2009)

कुछ नहीं रहना चाहिए

धीरे धीरे सारी चीजें फेंकी जाएँगी
कुछ नहीं रहना चाहिए मेरे जाने तक
सिर्फ वही जो धरती के काम आये
मेरे क्षण जिनमें मैं बना पेड़, हवा, आकाश।

देमोक्रितुस की यात्रा

ऐ अज्ञात,
तुम्हें कैसे समझूँ?

पूरा समझूँ
तो छूट जाती हैं
तुम्हारी शिराओं की तड़पन,

तुम्हारी धड़कनें
तुम्हारी उँगलियों को अलग अलग परखूँ
तो समझ नहीं आती तुम्हारी दृष्टि

तुम्हें समझते हुए मैं धरती को चूमता,
हवा में उड़ता, आग पीता,
जल में बहता बनाता हूँ नाखून दर नाखून तुम्हें

तुम्हारी पलकों को
होंठों से छूकर समझता हूँ
जल और अग्नि के रहस्य

तर्क और युक्ति में बह जाते हैं
तर्क और युक्ति

भूतवादी मैं तुममें प्रवेश करता हूँ
अपनी लम्बी दाढ़ी समेत

पीढ़ियों तक बच्चे पढ़ते हैं
मेरी यन्त्रणा

इस वक्त मैं कहाँ हूँ?
तुम्हारे किस अंग में है मेरा कौन सा अंग?
किस कण में मेरा कौन सा कण?

हर बात पुरानी लगती है

हर बात पुरानी लगती है
खबरें दुहराती हैं खुद को

ऐसा नहीं कि फिर से हूण शक कुषाण
चरित्र नहीं वैशिष्ट्य दिखता विद्यमान निरन्तर

जीवन जैसे शुरू हुआ मुझ से ही
हर धार का उद्‌गम हूँ मैं ही
समझना मुश्किल कि दूसरों को दिखता क्यों नहीं

तो क्या कहता रहूँ अब भी कि विरोध जरूरी है
जरूरी है विक्षिप्त हो उठना हर बसन्त हर सावन
देखकर कि उत्सव नहीं है मौसम
मनुष्य के लिए

कि मनुष्य नहीं मनुष्य है
जन्तु या कहीं जन्तु से भी बदतर

मैं थकने लगा हूँ
कितनी बार दुहराऊँ कि लकीरें बनावटी हैं
कितनी बार समझाऊँ कि वस्त्र नहीं होते तन पर जब जनमते हैं हम
कितनी बार तड़पूँ कि जितने सुनने वाले हैं
उनसे कहीं ज्यादा है न सुनने वालों की तादाद

और कुछ हैं कि
कहते हैं सुख है दैन्य में भी।

खयाल खयाल नहीं

खयाल खयाल नहीं जिसे डेढ़ घंटे खींचा जा सके
यादृच्छ उगता है यादृच्छ अस्त होता है
जैसे खिड़की के सामने बायीं ओर से आता है कोई
बा– या दा– यीं ओर गायब हो जाता है

खयाल खिड़की पर खड़ा होता है
कभी खिड़की बन्द होती है
खिड़की पर खड़े व्यक्ति को कहीं से बुलावा आता है
व्यक्ति था या खयाल
जो खिड़की पर था

यादृच्छ उगता है यादृच्छ अस्त होता है
खयाल खयाल नहीं जिसे डेढ़ घंटे गाया जा सके

सालों पुराना खयाल भी ताजा होता है
इसलिए रोता है कोई आखिरी पल तक
एक ही खयाल को गाता हुआ।

षडरिपु कथा

कालीगुला चिल्ला रहा है
बार बार काटने पर भी
उसकी शक्ल आईने में चिपकी हुई है
मेनका रम्भाएँ झमझम नाचती हैं
दिमागी पर्दे पर
उँगलियाँ हर क्षण चल रही हैं
अदृश्य कीबोर्ड पर :

दुनिया की जिस छत पर उसे चूमा था, वह जमीं से भी नीचे गिर गयी है
इतना आक्रोश है मन में कि बहुत पहले इसके बारे में लिखना छोड़ दिया है :

सारी सोच ठीक है
घर परिवार, दोस्त बाग,
सब मेरे ही साथ चलेंगे
चमड़ा जो छिल चुका है, वह मेरी खूबसूरती के लिए है
खून की लकीरें जो मेरे पीछे चलती हैं
वह एक कहानी है
जिसे मैं लिख रहा हूँ :

तीस सालों से कह रहा हूँ
कि मैं तो कवि हूँ
तीस सालों तक जिम्मेदारियाँ निभाता रहूँगा :

यह जो अनन्त है लोभ
इसी को समझ नहीं पाता हूँ
बाकी सारे रिपुओं ने बाँध रखा है इसे
नहीं समझ पाता हूँ :
रहा एक और – देखता हूँ हर पल धकेलता मुझे
ढुँढवाता हर पल दूसरे में अपने को :
इति षडरिपु कथा।

अलग होना

जो सचमुच अलग होते हैं
अलग होते हुए भी
वे अधिकतर लोगों के साथ होते हैं
खुद को अलग न समझने की यन्त्रणा सहते
विलीन हो जाते हैं

अलग होना इस बात को समझना है
कि जब तुम सोए होते हो
बगल के कमरे में लोग
तुम्हारे स्वास्थ्य पर शक कर रहे होते हैं

बवंडरों को बाँध रखना
विस्फोटों को अन्दर ही अन्दर समेटे रहना
अलग होना है

जीने वाले लोग इस खतरे को पहचान कर
अपनी सीढ़ियों से नीचे उतर आते हैं
नीचे अतल गहराई में
कहाँ पहुँच जाते लोग

जी लेते हैं-लम्बी मौत ही जीते हैं
ऐसे भूतपूर्व अलग लोग।

आज सुबह है कि एक प्रतिज्ञा है

आज सुबह है कि एक प्रतिज्ञा है
दिनों की सालों की जकड़न फेंक रहा हूँ

आज सुबह है कि पौधे रोपने लगा हूँ
मिट्टी पानी बना हूँ सींचने लगा हूँ

आज आवाजें सुनने लगा हूँ
यह जो ठकाठक सुन रहा ये छेनियाँ और हथौड़े हैं
सुबह से भी पहले सुबह होती है उनकी
मेरे जगने तक ठक ठक ठकाठक चल रहे होते हैं
हर ओर कुछ बन रहा हो रहा निर्माण
आज सुबह है कि चिढ़ नहीं रहा
आवाजों को सँजो रहा हूँ

सों सों की आवाजें हैं बसों की ट्रकों की
थोड़ी ही दूर है सड़क
निंदियाई होंगी आँखें ड्राइवरों की अब भी
मलते हुए आँखों को रेस में लगे हैं
आज सुबह है कि सब को सब कुछ मुआफ है
मैं अपनी ही कैद से कर रहा हूँ मुक्त खुद को
जमीं से ऊपर नहीं ठोस फर्श पर रख पैर
रच रहा हूँ शब्द।

वही चौराहा

वही चौराहा है
एक कोने पर आकर मुड़कर देखता हूँ
देखता ही रहता हूँ
गाड़ी, बस, स्कूटर, आटो
विश्व के तमाम चलमान यन्त्र मेरे ऊपर चढ़ते आते हैं
मैं अपने आप को सड़क की दूसरी ओर पाता हूँ
सृष्टि के रहस्यों में है यह भी कि दिन के व्यस्ततम समय में
शहर के इस चौराहे को मैं देर सबेर पार कर ही लेता हूँ
थोड़ी ही दूर पर अगली सदियों के लिए
दरवाजे हैं
इन दरवाजों के ठीक विपरीत सड़क की दूसरी ओर
जिवदानी आयुर्वेदी दवाखाना का बोर्ड लगाए तम्बू लगे हैं
बोलो प्रोफेसर यह जो जवानी मर्दानगी पेशाब आदि की चिकित्सा करता टेप
चलता रहता है निरन्तर इन तम्बुओं से
आवाज जो इन भविष्य की सदियों के दरवाजों को पार करती हमारे साथ
प्रविष्ट होती है आई टी संस्थान के अन्दर
यह उत्तर आधुनिक है
या प्राक् आधुनिक

मैं सड़क की आत्मा को महसूस करता हूँ
मेरे साथ जीती है लम्बे समय तक
बड़ी की जगह गलती से इस्तेमाल की गयी
छोटी ई की मात्रा

जीव जीवन जीना शब्द हैं साथ अगले दिनों के इन्तजार में।

बदलना

1

आदमी ने कहा निकृष्ट मकड़ी।

औरत की जाँघों के बीच आदमी दुबका हुआ था दो महीनों बाद।
तब फूलों को महज वनस्पति कहा आदमी ने।
कहा फूल उसके और औरत के बीच विचारों की लीद।
आदमी परिक्रमा करता रहा औरत की।

इस तरह बदले वे।
ऐसे ही बदलना था उसे और उसे।
अब आदमी था बदलने के खिलाफ।

2

वह बदली।
उत्तर की ओर देखा।
कहा उत्तर की ओर समय अक्ष पर मेरा चेहरा।
फूल पर थूका।
चेहरा दक्षिण की ओर हुआ
कहा समय अक्ष मेरे साथ।

थूक का लिजलिजा व्यक्तित्व बदल सकता था फूल।
वह इस कदर बदली कि भूल गयी रोना एक दिन।

उसकी छातियों पर प्यार की परत नहीं जमती
आँसुओं का खारापन वहाँ से गायब था।

फूल ने देखा और महकता हुआ रोया।

3

खुद को देखा जब सब को बदलते देखना आदत हो गयी।
पंखुड़ियों पर चींटियों ने जगह बना ली थी।
चींटियों को भी जगह चाहिए ऐसा कभी सोचा था।

पंखुड़ियाँ झड़ रही थीं। चींटियाँ वहीं थीं।
फूल के महकने की बात पुरानी पड़ गयी थी।
किसी को फुर्सत नहीं थी उसे सूँघने की।
बादल दूर से जाते।

फूल देखता बादल और वह एक दूसरे को पहचानते तक न थे।
शक होने लगा वह बदलकर काँटा तो नहीं बना।
फूल मुड़ मुड़ खुद को छू रहा।
किसी को नहीं फुर्सत उसका यह खेल देखने की।

4

फूल ने देखा उसे।

वह बिखरी हुई चमड़ा, मांस, हड्डियाँ।

देखते देखते कई साल बीतने पर फूल को याद आया कि वह उसे ढूँढ़ रहा था।
उसकी छातियों के हर सेंटीमीटर देखे अपने दाँत जीवन्त।
फूल को कोई नहीं बतलाता वह कैसे इस अँधेरे में पहुँचा।
हर रास्ते में दावा था प्रकाश का।

रात रात भर फूल सोचता।
पंखुड़ियों पर बसने लगी फफूँद।
एक दिन फूल ने खुदकुशी की।

कई दिनों तक खाया मांस चींटियों ने।

एक आदमी मिले बिना ही चला गया

मैं दुहाई दे सकता हूँ कि मैंने किसी से पूछा था
उसका पता बात हुई थी कि मैं मिलकर पता लूँगा
और मिलने की आशा में हम इधर उधर घूमते रहे

पता नहीं मिला और वह चला गया
हम सोच सकते हैं कि उसके परिवार से मिलेंगे
कहेंगे कि उससे मिलना चाहता रहा
और नहीं मिल पाया कहेंगे

कि निजी समस्याएँ ऐसी भारी रहीं
कि मिल नहीं पाया जाने से पहले
यह कि उससे यह या वह कहना था
कि अब तो बस खयाल ही रह गये

कहने वाली बातों के
किसी तरह नींद आये रात को
इसलिए सोचते हैं कि दरअसल
बहुत ज्यादा जानते न थे

उसने भी कोई सम्पर्क तो रखा न था
फिर कोशिश तो की थी मैंने
मिलने की आखिरी सच कि

एक घटना हुई है
एक आदमी मिले बिना ही चला गया।

हाजिरजवाब नहीं हूँ

हाजिरजवाब लोग
जवाब देने के बाद होते हैं निश्चिन्त
उनके लिए तैयार होते हैं जवाब
जैसे जादूगर के बालों में छिपे रसगुल्ले

जादूगर बाद में बाल धोता होगा
अगले शो की तैयारी में फिर से रसगुल्ले रखता होगा

मैं हाजिरजवाब नहीं हूँ
इसलिए नहीं कह पाया किसी महानायक को
सही सही, सही वक्त पर कि उसकी महानता में
कहीं से अँधेरे की बू आती है
मैं ताजिन्दगी सोचता रहा
कि बहुत जरूरी है
सही वक्त पर सही बात कहना।

कभी कहा ठीक तो किसी बच्चे से कहा
कि गिरने पर चोट उसे नहीं
उसकी धरती को लगी है
जो उसी के साथ हो रही है धीरे धीरे बड़ी
कभी कहा ठीक तो किसी सपने से कहा
कि माफ कर देना
रख दिया तुम्हें अधूरा

बहुत चाहते हुए भी नहीं हो सका असाधारण

अचरज कि प्यार करते हैं मुझे सबसे ज्यादा
बच्चे और सपने।

क्या हर कोई है विक्षिप्त?

हँसी हँसी में कोई मुझे विक्षुब्ध कहता है
कोई कभी विक्षिप्त भी कहेगा
मैं तुमसे कहता हूँ कि विक्षुब्ध होवो
जब सड़क पर चलते हुए देखते हो
लोगों के पास शौच करने की जगह नहीं
हँसी हँसी में मुझे कहना है
मैं सट्टेबाजों के पक्ष में नहीं हूँ
मैं खिलाड़ियों के पक्ष में हूँ
जिन्हें गोल पोस्टों के बीच नाचना आता है

मैं मानव शिराओं धमनियों के पक्ष में हूँ
जिन्हें फूलने के लिए तुम्हारा विक्षोभ चाहिए
मैं प्रेम के पक्ष में विक्षोभ का नारा देता हूँ
मैं सूफी सन्तों और कलंदरों के पक्ष में हूँ

सड़क पर देखता हूँ इकहरे शान्तचित्त ध्यानी ज्ञानी
जिन्हें कोई फर्क नहीं पड़ता
कि आदमी ढूँढ़ रहा है लोटा पानी लिए शौच की जगह
मैं वाकई विक्षुब्ध होता हूँ
कि कोई क्यों हँस रहा है
इस सदी में क्या हर कोई है विक्षिप्त?

यही है मेरे पास

सिर्फ टुकड़ों में बँटी
बड़ी छोटी दुनिया
है मेरे पास

तने हुए
सुन्दर असुन्दर चेहरे
हल्के गम्भीर खयालों में
उड़ते लोग

सिर्फ कहानियाँ अनकहीं
स्पष्ट विरोधाभास
यही है मेरे पास।

तोड़ा तभी तो जोड़ा

गोटी गोटी जोड़ घर बनाया उसे तोड़ा
मन के अन्दर कुछ टूटा
फिर गोटी गोटी जोड़ी

फिर खिड़की फिर दरवाजे
धीरे धीरे बना एक नया घर

तोड़ा तभी तो जोड़ा
खिड़की बनी तो हरियाली जोड़ी
छोटी सी सीढ़ी छोटी सड़क

अन्धेरी रात उतर सड़क पार
हरी घास पर सोना जोड़ा

तोड़ा तभी तो जोड़ा।

आत्मकथा

बीच में अनन्त सम्भावनाएँ हैं
यही सोचा चाहा ताजिन्दगी

कोशिश यही कि हिटलर भी रोना सीख ले
अपने गू में मरता शताब्दी का प्रतिनिधि हँस ले

इसके अलावा मैं एक जानवर
ढूँढ़ता प्यार, सपने दो चार
खुश अपनी नादानी में बार बार।

धुँधली तहों में से

धुँधली तहों में से ढूँढ़ता हूँ इक शाम
साइकिलें, खेत, नहर और हम
कोई गा उठा है बांग्ला गान
सन्ध्या निझूम, क्लान्त पक्षी
हमने स्टीयरिंग छोड़ दी है
फैले हुए हाथ हमारे पर हैं
खोए हैं हम पक्षी।

वह गान अब आधुनिक नहीं है
खेत नहीं हैं खेत
पनबिजली स्टेशन की जगमगाती बत्तियाँ
दूर तक फैली हैं और शाम धुँधली हो गयी है

गाँव वालों को पार ले जाने की
नौका नहीं है
पुल है जो कर्मचारियों को वापस घर ले जाता है
जहाँ परिवार शाम बन उनका इन्तजार करते हैं

मिली है थोड़ी देर के लिए वह शाम
मैं हूँ थोड़ी देर के लिए खोया पक्षी।

थोड़ी दूर सभ्यता है

गाड़ियों की भीड़ धुआँ बाजार बस थोड़ी दूर
यहाँ पत्तों की छाया
पत्ते ऊपर पहुँच गये
नीचे तोड़ दिए गये हैं
छाया में बेंच है

आवाजें सुनते ही चौंक जाता हूँ
पास से गुजरते हुओं को कनखियों से देखता हूँ

जिसका इन्तजार है
वह सभ्यता की धक्कम पेल में कहीं फँसी है
वह परेशान है
उसे चिन्ता है कि मैं इन्तजार में हूँ

मैं निश्चिन्त हूँ
पत्तों की छायाओं का खेल देख रहा हूँ
मेरे क्षण इस वक्त मुझ जैसे सुन्दर हैं
मुझे पता है वह जब आएगी
तो इन क्षणों जैसी सुन्दर होगी।

एक और प्यासा

तुम कोई भी हो खुले आकाश का खालीपन टूटे नल से बहा तालाब
कहने को कह सकता हूँ उत्तर संरचित बातें इस वक्त
जब सुन रहा बहुत पुराने गीत शिकवा यह कि नहीं चढ़ा पानी आज भी

कहने दो मुझे यह जीवन भी सुन्दर है
हजारों हड़ताली जेल में टूटी हैं
पानी की पाइपें तड़प रहे
अस्पतालों में रोगी हग रखा
बाथरूम में किसने मुझे आती उल्टी।

कहने दो जब नहीं मिलता पानी बच्चों को
पानी सुन्दर यह जीवन सुन रहा हूँ
बहुत पुराने गीत भुगत रहा प्यास से
कहीं नहीं पीने लायक बूँदें।

ऐसे में सोचते हुए उनको जो गाँवों में गन्दे बावड़ियों से पीते पानी
याद आ रही एक सुन्दर लड़की चाहता हूँ रोना
उसके उरोजों में रख अपना चेहरा कहने दो
सुन्दर है सुनना पुराने गीत चाहना रोना
उसकी त्वचा का याद कर जो कर सकती है पैदा
एक और प्यासा।

ट्रिप–1994

सड़क पर औरत धो रही थी पत्थर
गतिमान, गतिशून्य।
कहाँ से आते हैं पत्थर?
भीगे कपड़े
भीगे कपड़ों में भीगी लिपटी।
मैंने देखा पीछे से
पीठ नीचे जाकर दोफाड़।
कल चंडीगढ़ श्मशान।
सुबह दिल्ली प्लेटफार्म पर देखा आदमी पाछों पर
पाजामा खींचता। नाड़ा बाँधता।
लड़कियाँ सामान पर बैठी छिप के हँस रहीं।
सुबह इतनी सुबह कि उबकाई।
मुगलसराय से आगे बढ़ते हुए
अँधेरे में ढूँढ़ता हूँ पत्थर धोती औरत।
लड़के सुन रहे हैं फूहड़ गीत।
ट्रिप जारी है।
छुक छुक छुक छुक।

(प्रतिलिपि 2009)

एयरपोर्ट

धरती का स्पर्श
छोड़ने का अनुभव हावी है
आतंक फिर भी जमीं पर होने का ही
है ज्यादा।
धरती का सारा प्यार थमा
मानव-गन्ध से बोझिल सबा।

पारदर्शी काँच से बाहर हैं
मायावी बादल।
सूरज रुका क्षितिज पर
यंत्र-पाखी मुँह फाड़ रहे देख

थोड़ी-थोड़ी देर से उड़ जातीं कुछ व्यथाएँ
पिछड़ापन रह जाता पीछे
एक और पिछड़ापन उड़ता आसपास।
जो चले गये
पूरी तरह कभी नहीं जाते
जो कभी नहीं वापस आएँगे
रह गये थोड़ा-थोड़ा यहीं पर।

मटमैला उदास आसमान
काँच के पार से है झाँकता
गुफ्तगू हमारी सुनता।

कोई फर्क नहीं है कबूतर और इंसान में
आकाश है सोचता।

(पाठ 2009; नाबार्ड पत्रिका 2001)

प्रवासी कवि

मेरे पास जितना रोने को है
उसके पास उतना बेचने को है
मैं मुफ्त में उसे आँसू देता हूँ
वह मुफ्त में खुद को बेच जाता है

कुछ समय पहले उसने उन झगड़ों का जिक्र किया है
जिनमें शामिल न होने की तकलीफ उसे सताती है

वह बाँधता है कैमरे में मुझे
सुन्दर शहर के बाजार में
कला-दीर्घा के सामने नाविक की मूर्ति के पास
मैं बाँधता हूँ उसे
शब्दों में जो प्रवास से साथ लौटेंगे मेरे साथ।

(इन्द्रप्रस्थ भारती 2009)

विसर्जन

मिट्टी मिलती है मिट्टी में
यही देखकर खुश हैं लोग
या लोगों की खुशी देखकर खुश
होता है पानी में घुल रहा ईश्वर
बड़ा है ईश्वर तो बड़ी है झील
छोटा सा ईश्वर खुश है
छोटे तालाब में ही विसर्जित होकर।

(इन्द्रप्रस्थ भारती 2009)

आज की बारिश में कल की बारिश है

आज की बारिश में कल की बारिश है
कल पुरु छोड़ आया था सिकन्दर को सड़क तक छतरी से ढँक कर
मैं तब तक एक छत के नीचे गिन गिन कर चक्कर काट रहा था
पुरु के वापस आने तक मैंने कई सौ साल बिताए
हर चक्कर के बाद देखता कि बारिश रुकी नहीं है
और मुझे फिक्र रही कि खाने में देर होगी
सदियों तक खाने की चिन्ता में रहा मैं
यह आज नहीं कि मैं सोच रहा हूँ
भोजन के अलावा भी चिन्ताएँ हैं सोचने के लिए
उन सदियों में हर क्षण रहा मैं ग्रस्त इस बोझ से
बारिश थी कि रुक ही नहीं रही थी
और आखिरकार मुझे लौटना ही पड़ा पुरु की छतरी के नीचे
जहाँ जा रहा था वहाँ भोजन इन्तजार में था
इन्तजार में थे कई ऐतिहासिक चरित्र
जिनके साथ बैठ चबाते हुए रोटियाँ
हमने कहनी सुननी थी कहानियाँ
उस दौरान भी बीतीं सदियाँ बड़ी जल्दी
हम धातु युग में थे और बर्तन थे जिनको धोना था खाना खाकर
तब मैंने सोचा था कि कल की बारिश में होगी आज की बारिश
जैसे आज देख रहा हूँ आज की बारिश में कल की बारिश।

(प्रतिलिपि 2009)

कितनी लम्बी कविता

किसी भी बहते नाले को देखकर
चिल्लाते थे हम गंगा गंगा
एक दिन जान लिया कि
गंगा गंगा है और दूसरी नदियों की
अपनी हस्ती है

वह भी वक्त था कि
लम्बी नदी के लिए दिमाग
में थी लम्बी जगह
ओल्ड मैन मिसीसिपी सुना नहीं था
तब तक पॉल रोब्सन से
मातंगिनी दामोदर
बलखाती पीली नदी चीन की
और ब्रह्मपुत्र सबको अलग अलग
जाना था
निश्चित ही कभी सोचा नहीं था
कि दुर्बल सी क्षिप्रा होगी नर्मदा के आस पास

ऐसे ही थे मन में पहाड़
ऊँचे तो ऊँचे
फैले तो फैले
यह तो जब लिखा कि पहाड़ के करीब
जाने पर दिखते हैं उसके जिस्म के घाव

जाना कि पहाड़ को जानने के लिए
उसकी ऊँचाई नापना जरूरी नहीं
जैसे बदलता भले हो प्रवाह जगह जगह
एक जगह खड़े होकर जान जाते हैं नदी का मूड हम

कितना ऊँचा हो पहाड़
कितनी लम्बी हो नदी
कितनी लम्बी कविता।

एक दिन धरती टकराएगी चाँद से

एक दिन धरती टकराएगी चाँद से
एक दिन सूरज टकराएगा धरती से
एक दिन ब्रह्माण्ड के सारे तारे
पिघल जाएँगे

एक लड़की एक दिन पढ़ेगी यह कविता
एक दिन अखबार में खबर होगी
कि डर के राक्षस खा गये एक लड़की को
एक दिन रोऊँगा मैं
कि क्यों लिखी कविता ऐसी डरावनी
क्यों सोचा कि समय का पैमाना है
मेरे जीवन काल से बहुत बड़ा

एक दिन एक सपना मिट जाएगा
एक दिन अनन्त दुख ढोता मैं लौटूँगा घर
एक दिन आकाश गंगा के साथ
विलीन होगी मेरी कल्पना
एक लड़की के दुखों के सागर में।

(इन्द्रप्रस्थ भारती 2009)

याशा के लिए दूसरी कविता

तुम साल की हो गयी हो
प्राण सूक्ष्म से बढ़कर
जब उल्लास की पराकाष्ठा पर था, तब तुम
रोती आयी थीं
तुम्हारी एक हँसती तस्वीर हमारे पास है

तुम कितना हँसती होगी
अपनी सीमाओं को निरन्तर बढ़ाती
उँगलियों के छोरों से क्षितिज बनाती
साल दर साल तुम्हें
इस तरह हँसते रोते रहना है

अभी तुम नहीं जानतीं
इस बिन्दु पर पहुँचना कितनी बड़ी बात है
आजीवन इस एक साल को ढूँढ़ती रहोगी
अनन्त रहस्यमय खुशियों में से यह एक होगी।

कवि और कवि

एक कवि दूसरे कवि को कविताएँ भेजते हुए
सोचता है किस बारे में–
साथी कवि, कविताएँ या अपने बारे में?

साथी कवि
चकित है
खुद को कविताओं में पाकर

कवि कवि को
धकेलता है–दुखों से रूबरू
करता है

एक दुनिया है कवि और कवि से अलग
कवि और कवि हैं दुनिया से अलग
परस्पर हाथ थामे दुनिया से जूझने को
मुझे, तुम्हें, हर किसी को तैयार करते हुए।

खुशी से नाचती है कविता

खुशी से नाचती है कविता
जब संगत मिलती है
उसे साथी कविताओं की
कविताएँ कोरस में गाती हैं
हमारे एकसा होने के गीत
अवाक् जानते हैं हम
कि हमारे शब्द बँटते हैं
और मुड़ मुड़ आते हैं हमारे पास
एक दूसरे की कविताओं में
मैं कविताओं को समेट नहीं सकता
स्वच्छन्द पक्षी सी कविताएँ
उड़ कर सैर करती हैं
धरती के अनगिनत चरागाह
हम देखते ही रहते हैं
कि जहाँ भी हम जाते हैं
कविताओं के पंख थामकर
हर जगह मौजूद होते हैं
हमारे समवेत सुख और दुख
हमारी कविताएँ बनती हैं वजहें
हमारे मिलते रहने की हमारे प्रतिवादों की
हमारे चीत्कारों और उल्लासों की
कविता में जीवन ढूँढ़ते
कितनी दूर आ पहुँचे हैं

कौन लिख रहा है
हम लिखते हैं कविताएँ
या कविताएँ लिखती हैं हमें।

दो कविताएँ तुम्हारे लिए

1

इस मुर्झाए से दिन में
मैं खुद को कह रहा हूँ बार बार कि
खुश हो जाऊँ
कि तुम किसी मकसद से हो रही हो रूबरू
मैं कहता हूँ कि प्यार नहीं है सिर्फ चाहत वस्ल की
कि तुम जिन राहों पर चलना चाहती हो
उनकी मिट्टी को भी है चाहत तुम्हारे फूल से पैरों को चूमने की

इस मुर्झाए से दिन में
अपनी सारी चिन्ताओं को कर रहा हूँ दरकिनार
कि अब तुम दूर जहाँ भी हो
बस में या बस के इन्तजार में
तुम्हारे इर्द गिर्द महक रहा है समाँ
तुम्हारा मुझसे दूर होना मेरी तड़प ही नहीं
यह खिलने की वजह है फूलों की कहीं

2

तुम्हारी आवाज जो कल शाम से लगातार दूर होती गयी
मुड़ आयी मुझ तक तो मैंने सुना कि
धरती पर हर बच्चा खिलखिला रहा है
मैंने देखा कि तुम फिर किसी गाँव के पास से गुजर रही थीं

और सस्ती बत्तियों की रोशनी में भी चमक रहे थे तुम्हारे आँसू
मैंने हवा से कहा कि वह तुम्हें बता दे कि मैंने खाना खा लिया है
मैंने ज्यादा नहीं पी
खाना ज्यादा खाया है पर कोई फिक्र की बात नहीं
और कि मेरी ही तरह तुम भी सोने की तैयारी करो

(शब्द संगत 2009)

सुबह तुम्हें सौंपी थी थोड़ी सी पूँजी

सुबह तुम्हें सौंपी थी थोड़ी सी पूँजी
विद्युत चुंबकीय तरंगों के जरिये
सुबह की पूँजी सारे दिन चलाती है मन की गाड़ी
दिन भर मुस्कराती हो तुम
डर लगता है कि इतना काफी नहीं है
और फिर मेरे प्यार की मिठास बँटती भी तो होगी
हर प्राण लेता होगा मेरे चुम्बन का एक टुकड़ा
प्यास लगती होगी तुम्हें तो कहाँ जाती होगी तुम
डर लगता है कि मेरी छुअन की तड़प में तुम
पेड़ों को सुनाती होगी दुखड़े
कैसे रोकूँगा पेड़ों को तुम्हारे आँसू पोंछने से
कैसे कहूँगा कि ये अश्क सिर्फ मेरे लिए हैं
डरते डरते हवा में उछालता हूँ अनगिनत चुम्बन।

तुम कैसे इस शहर में हो

तुम कैसे इस शहर में हो
तुम्हारी बातें किन ग्रहों से आयी हैं समझ नहीं पा रहा
हो सकता है ये अतीत की हों या भविष्य की भी हो सकती हैं
तुम ऐसे समय की हो जब दुनिया में मान्यताएँ नहीं होती थीं
तुम्हारी आँखें छोटी हैं रंगीन नहीं हैं
कोई सुरमा भी नहीं लगा है

तुम्हारे होंठों पर शाम का हल्का अँधेरा है
जो बार बार मेरी नजर खींच रहा है
और मैं देखता हूँ तुम्हारी बातों से बनता है
एक ऐसा संसार जो अँधेरे से निकलने के लिए छटपटा रहा है

तुम्हारे गाल थोड़े लाल हैं
थोड़े फूले से बच्चों जैसे
और बातें करते हुए उनमें
कहीं कहीं घाटी सी बनती है
और तुम्हें अन्दाजा नहीं है कि
कि तुम्हारी बातों का सौन्दर्य खींचता है
मुझे तुम्हारी आँखों से गालों तक

क्या मैं ही हूँ जो किसी और ग्रह से आया हूँ
और नहीं दिखता तुम्हें मेरा यूँ फिसलना

एक दिन तुम कहोगी कि अब और नहीं योजनाएँ
एक दिन तुम कहोगी कि कुछ करने का वक्त आ गया है
एक दिन तुम लिख डालोगी पूरा पूरा उपन्यास
एक दिन तुम निकल आओगी मृत्यु से जीवन की ओर

फिलहाल मेरा ध्यान तुम्हारे होंठों पर ही है
तुम्हारी बातों के साथ साथ पहुँच रही है मुझ
तक तुम्हारी छटपटाहट
तुम्हें जानने के बाद से मेरे मन में
कहीं गूँज रही है आवाज कि
इस अँधेरे से हम निकलेंगे साथ साथ।

(शब्द संगत 2009)

तुम्हारे लिए दूसरी कविता

पहली कविता में मेरा खयाल था हमारे दिमाग शरीरों के साथ नहीं चल रहे।
एक कविता लिखी जानी थी सिर्फ इसलिए कि लम्बे बाल तुम्हारे सुन्दर थे इतने।
नाखून मेरे पाँव की उँगलियों के खुजलाना चाहते थे तुम्हारी अस्नात त्वचा।

हमने की थी चर्चा बार बार कहीं से आग लाने की। कर्फ्यू था शहर में।
कर्फ्यू शिराओं में से बढ़ता हुआ हाइपोथलामस तक पहुँचा उसके बाद।
आँखों ने मुर्झाते हुए देखा चमड़ा कर्कश होते हुए।

पीढ़ी दर पीढ़ी गुजरती रही निष्प्राण।
कणों में बिखरे हुए थे हम हिरोशिमा के कुकुरमुत्ता बादल में।

यह कविता चली है प्यार को वापिस लाने।
बन्द कमरों की खिड़कियाँ खोल कर देखेंगे हम सड़कों पर खिलखिलाते शिशु।
साथ साथ लिखेंगे यह दूसरी कविता एक दूसरे के लिए।

(आजकल 1996)

मैं और तुम

मैं क्या हूँ
मैं फूल हूँ
धूप की तरफ मुड़ता हुआ
मैं फल हूँ
यात्राओं में रुक कर स्वाद लेने लायक
या मैं हूँ भरा-पूरा पेड़
शाखाओं से जड़ें लटकाता
देख रहे हो मेरी शक्ल
टेढ़ा दिखता हूँ
सीधी राहों पर चलने वालों के लिए
चिरन्तन टेढ़ी नाक हूँ
दुखती है गर्दन जब देखोगे मुझे
इन दुखों के अलावा देने को और
है भी क्या मेरे पास
मेरी दुनिया सूई से भी बारीक दुनिया है
नैनोमीटर दूरियों में बहता है प्राण
जब तक तुम लेते हो चुम्बन
मैं चूम चुका होता हूँ अरबों बार
पलकें झपक गयी होती हैं अरबों बार
अरबों दुखों का भंडार है मेरे पास

तुम क्या हो
तुम्हारा मन हरा है

इक पेड़ है
पत्तियों से लदा
तुम प्रकाश की छाया हो
तुम विस्तार हो प्रकाश वर्षों का
अनन्त बार छिपता हूँ तुम में
अनन्त मेरी धरतियाँ सुबकती हैं तुम में
अनन्त मेरी सिसकियाँ बहती हैं तुम में।

एक ही दिन

कहीं से टेलीफोन किया
पैसे ज्यादा दिए भूल गया
बुरा न लगा कि घंटे भर पहले
तुम्हारा चुम्बन था सेकंड की सूई जब सैंतीस से चली
कई बार सैंतीस पार कर पैंतालीस पर आ रुकी तब तक

एक ही दिन

विज्ञान कविता
राजनीति प्रेम
अखबार के पन्नों में बँटे
धूल भरे दिन में उड़ते गड्डमड्ड

शताब्दी के बचे हुए दुखों के बावजूद
आश्चर्य हूँ
आश्चर्य हो तुम
और आश्चर्य यह सागर हमारे आर पार।

मैं अब हारने लगा हूँ

मैं अब हारने लगा हूँ
मैं तुम पर लिखते रहना चाहता हूँ
और शब्द हैं कि मिल नहीं रहे
अक्षर अक्षर तुम्हारे बदन पर फूल बन खिलते हैं
मैं फूलों को उठाता हूँ
मेरी नासिकाएँ जाग्रत करती हैं मेरे हर अंग को
मेरा हर अंग चीखता है
कहाँ हो तुम
नहीं जानतीं तुम क्या कि तुम्हारे बिना हूँ
मैं निपट अधूरा
अकेला बहुत अकेला

आवाज आती है अनन्त कोनों से
नीमबेहोशी में बार बार झटके से उठता हूँ
तुम आ गयी हो शायद
कभी अँधेरा कभी रोशनी
बिखेरता है खालीपन
और तुम कहीं नहीं हो
मेरा हर अंग चीखता है
कहाँ हो तुम।

चारों ओर दीवारें

चारों ओर दीवारें। दीवारों के बीच मैं और वह।
मैं हिलता हूँ वह हिलती है। कभी एक दूसरे की ओर देखते हुए कभी नजरें छिपाकर हम चलने को होते हैं, पर जल्दी ही किसी दीवार से टकरा जाते हैं। दीवारों पर किसी ने नाम चिपका रखे हैं। हम दोनों के सिवा यहाँ पर और कोई नहीं है, इसलिए ये नाम हममें से किसी ने चिपकाए हैं। एक दीवार से दूसरी दीवार तक नजर हटाने से लगता है उस पर चिपका नाम बदल चुका है। मेरे दिल में लहर उमड़ती है। मुझे घबराते देख वह मेरे पास आती है। उसका चेहरा अचानक बहुत सुन्दर लगता है। जल्दी ही मैं उसे हाथ से यूँ धकेलता हूँ जैसे मेज पर पड़े फालतू कागजों को हटा रहा हूँ। उसके चेहरे पर कोई भाव नहीं उभरता। वह एक कोने की ओर चली जाती है। वह मेरी ओर देखती है। वह मुझे नहीं कुछ और देख रही है।

(प्रतिलिपि 2009)

दरख़्त को क्यों इतनी झेंप

दरख़्त को क्यों इतनी झेंप
जब भी देखूँ
लाज से काँप जाता
पूछा भी कितनी बार
छुआ भी सँभल-सँभल
फिर भी आँखें फिसलतीं
पत्ते सरसराकर इधर उधर
झेंप झेंप बुरा हाल।

(प्रतिलिपि 2009)

वहीं रख आया मन

उन्हीं इलाकों से वापस मुड़ना है
वहीं से गुजरते हुए
देखना है वही पेड़, वही गुफाएँ

आँखें बूढ़ी हुईं
पेट बूढ़ा हुआ
रह गया अभागा मन
तलाशता वहीं जीवन

चार दिनों में कोई लिखता
हरे मटर की कविता
मैं बार बार ढूँढ़ता शब्द
देखता हर बार छवि तुम्हारी

उन गुजरते पड़ावों पर
अब सवारी नहीं रुकती
बहुत दूर आ चुका हूँ
वहीं रख आया मन
वही ढूँढ़ता चाहता मगन।

(अक्षर पर्व 1999)

सुबह

सुबह
तुम इतनी साफ कैसे हो
तुम्हारी खिड़कियों पर अदृश्य काँच जड़ा है
तुम हो रेनोआ की कृति

चिड़ियों की आवाजों में
तुम धीर शान्त

कदाचित कहीं दूर कोई गाड़ी की आवाज
तोड़ती है ओंस भरी नींद।

इतनी खूबसूरत
तुम्हें कैसे छुऊँ
कहाँ छुऊँ?

(नाबार्ड पत्रिका 2001, कृति ओर 2009)

तुम्हारे बिना मैं एक मुर्झाता पत्ता भर हूँ

तुम्हारे बिना मैं एक मुर्झाता पत्ता भर हूँ
तुम्हारे खयालों के नशे में बड़बड़ाता हूँ
यह तो बहाना ही है कि जरा पी भी है
डर है कि लोग पागल न समझ बैठें
डर है कि तुम नाराज न हो

एक बार कह दो कि तुम मुस्करा रही हो
हवा से कह दो कि तुम्हारी मुस्कान मुझ तक ले आये
तुम्हारे बदन की महक मेरे चारों ओर है
हवा में गड्डमड्ड हैं तुम्हारी त्वचा से निःसृत अणु
मैं ऐसा असहाय हूँ तुम्हारे बिना
अपनी असहायता में सब कुछ गलत करता हूँ।

इस मटमैले बारिश आने को है दिन

इस मटमैले बारिश आने को है दिन में सेंट्रल एवेन्यू पर तुम्हारी गन्ध ढूँढ़ रहा हूँ।
मार्बल की सफेद देह पर लेटा हंस झाँक रहा है,
मैं दौड़ती गाड़ियों के बीच तुम्हारे पसीने का पीछा करता हूँ
जल्दी से पार करता हूँ चाहतों के सागर।
पहुँच कर जानता हूँ मैं पार कर रहा था तीस साल।
तुम्हारा न होना कचोटता नहीं मुझे।
ढूँढ़ता हूँ बैग में फाजिल इस्कंदर की कहानियाँ।
तुम नहीं हो, न है वह किताब, हंस की सफेदी धूमिल हो गयी है,
तुम हो कहीं आस पास।

(नया ज्ञानोदय 2009)

तुम नहीं हो ऐसा नहीं लगता

तुम नहीं हो ऐसा नहीं लगता
शायद अभी कुछ वक्त लगेगा
इससे पहले कि
दुखने लगें उँगलियाँ
और बैठे हुए एक जगह घूमने लगूँ हर कहीं
ढूँढ़ता तुम्हें

इस वक्त तुम खिड़की से देख रही होगी
पीछे छूटते खेत
कामगार मर्द औरत झुके फसल बो रहे खरीफ की
हो सकता है तुम सोच रही हो कि हम दोनों कभी
किसी यात्रा में जाते हुए उतर पड़ें
ऐसी किसी अनजान सी जगह पर
और छोटी सी झोपड़ी बना कर रहने लगें

मुझे नींद आ रही है
तुम्हारे बारे में सोचते हुए मैं खो रहा हूँ खुद को
नींद के बादलों में
मेरे बदन में मीठी सी थकान है
और अब महसूस कर रहा हूँ धीरे धीरे वह टीस
जो तुम्हारे न होने की है
एक छोटी चिड़िया खिड़की पर चहचहा रही है
दूर सड़क से आती आम तौर पर परेशान करती

ट्रकों की आवाज भी अच्छी लग रही है इस वक्त
यह अजीब खुशी है जो उपजती है दुख से
इस दुख के होने से
मन ही मन करता हूँ दुआ कि
हर चर अचर तड़पे इस अगन में

तुम्हारी आवाज दूर देश से आती है
हवाओं को काटती हुई
तेज तर्रार तीखी आवाज है तुम्हारी
तुम्हारे बदन सी ही हल्की
तुम हँसती हो गोया बारिश होने को है

शाम हो गयी है
और मैं तुम्हें देखता हूँ अँधेरी परछाइयों में
लगता है तुम अभी हँस पड़ोगी और तुम्हारे सफेद दाँतों की रोशनी में
चौंधिया उठेगा परिवेश

रात आती है बहुत देर से
जैसे कि टालने तुम्हें मैं
बतियाता रहा हूँ शाम से
शहर के कोनों में चक्कर काटता रहा हूँ
कि तुम मेरे खयालों से दूर रहो
और मैं सँजो सकूँ
प्यास बूँद बूँद जेहन में

जब नींद आती है
नहीं रोक सकता तुम्हें
तुम हो मेरे ऊपर मेरे नीचे
मेरे चारों ओर तुम ही तुम हो
मेरी बाँहें मेरी टाँगें
उठती हैं शून्य में

तुम्हें जकड़ने को
जाने कब तुम फूल बिखेरती हो मेरी पलकों पर
और मैं देखता हूँ खिड़की से
चुपके से अन्दर आ रही हैं
सुबह की पहली किरणें

यह सुबह कैसी थकाने वाली सुबह है
धूल मिट्टी के बीच तुम चलती हो
तुम्हारी भौंहों पर तनाव की सिकुड़न है
कहीं पास में ही तनाव के ढेर हैं
तुम्हारी प्रतीक्षा में
पूर्वाभास से तुम और भी तनाव में हो

अब सुबह थक रही है
और तुम कहीं नहा रही हो
नहाते हुए तुम्हें अफसोस हो रहा है
कि तुम मुझसे इतनी दूर क्यों हो
तुम कल्पना करती हो कि मैं तुम्हारे पास खड़ा हूँ
परस्पर पानी डालते हैं एक दूसरे पर हमारे हाथ
पानी पानी होते हुए लिपट जाती हो तुम मुझसे
मेरी जीभ तुम पर दौड़ती है
जब पोर पोर तुम्हारा बदन हो रहा है सिहरित।

उसका रूठना

वह जिधर है
उस सिम्त से बहती हवाएँ मन्द क्यों हैं?
क्या इसलिए पीले हो रहे पत्ते
इसलिए यादें थकीं थकीं
गर्म दिनों की उमस भरीं

जैसे सूरज मई की दोपहर
जैसे पत्थर नुकीले
जैसे काँटों की चुभन, घुटन ही घुटन।

तुम हो न

अगर मैं समन्दर भर बूँदें पी डालूँ
बादल फिर भी उड़ेंगे
अगर कैनवस पर सारे रंग उँड़ेल दूँ
रंग फिर भी बचेंगे पेड़ों में अनगिनत
सारी ध्वनियाँ गा डालूँ
फिर भी कम न होंगे लफ्ज
यह कहने को कि इस दुनिया को
खूबसूरत होने के लिए तुम्हारी जरूरत है।

तुम हो तो डर नहीं कि ध्वनियाँ न होंगी
डर नहीं कि सच होगा सच जैसा निर्दयी
डर नहीं कि रुकेगी कविता और
सिर्फ कहानी कही जाएगी

सम्भव है कि दुख एक दिन रह जाएँ बहुत कम
उल्लास हो जाए संकुचित
गिनती में बँध जाएँ सारे अणु ब्रह्माण्ड के
ध्वनियाँ नहीं होंगी कम फिर भी
क्योंकि तुम हो, तुम हो न, तुम हो।

(हंस 2008)

उन सभी मीराओं के लिए

तुम्हारे पहले भी छन्द रचे होंगे युवतियों ने
अधेड़ महिलाएँ सफाई करतीं खाना बनातीं
गाती होंगी गीत तुमसे पहले भी

किसने दी तुम्हें यह हिम्मत
कैसी थी वह व्यथा प्रेम की मीरा
कौन थीं तुम्हारी सखियाँ
जिन्होंने दिया तुम्हें यह जहर

कैसा था वह स्वाद जिसने
छीन ली तुमसे हड्डियों की कम्पन
और गाने लगीं तुम अमूर्त्त प्रेम के गीत

उन सभी मीराओं के लिए जो तुमसे पहले आयी होंगी
मैं दर्ज करता हूँ व्यथाओं के खाते में अपना नाम
मेरा प्रतिवाद कि मैं हूँ अधूरा अपूर्ण
मुझसे छीन लिए गये हैं मेरी माँओं के आँसू
आँसू जिनसे सीखने थे मैंने अपने प्रेम के बोल
अपनी राधाओं को जो सुनाने थे छन्द।

(हंस 2008)

वह औरत है

भजन गाती हुई वह लड़की
पहले सफेद कपड़े पहनती थी
रंगीन वस्त्रों में उसे देखता हूँ
सुनता हूँ उसकी ध्वनियों के रंग

ईश्वर भी देखता होगा
उसे मेरी ही तरह
क्या ईश्वर भी सोचता है
कि सफेद कपड़ों में
और सुन्दर लगती थी वह

वह गाती है जैसे
अनजान मेरी और ईश्वर की नजरों से
या आदत है उसे इस तरह देखे सुने जाने की
वह मिलती है जुड़े हाथ
नमस्कार कहती है
मेरा सिर झुकता है
आँखें नहीं झुकतीं
पास से गुजरते हुए देर तक
छिपी नजरों से देखता हूँ
सोचता हूँ क्यों है उसका जीवन
यूँ थमा हुआ

भजन सुनते हुए देखता हूँ
सन्तुष्ट लगती है
तभी ईश्वर झकोरता है
अट्टहास करता हुआ

और वह बन जाती है
अन्तरिक्ष पार से आया कोई प्राणी
आक्टोपस जैसे उसके लम्बे हाथ दौड़ते हैं
पीछे कोई चीखता है
मैं औरत हूँ देखो मैं औरत हूँ

ईश्वर मिल जाता है उस दीवार पर खड़ा
जो मुझे दौड़ भागने से रोकती है
गम्भीर है ईश्वर कह रहा है
वह औरत है देखो वह औरत है।

(हंस 2008)

इस धरती पर कहाँ बची है जगह

इस धरती पर कहाँ बची है जगह
जहाँ कोई जवाँ शायरा
खुदकुशी नहीं करती

धरती की कोख
में चीखें गूँजती हैं
धातुओं के औजार कुतर रहे हैं प्राण

खिल सकें इसके पहले ही गायब हो जाती हैं
शायराएँ
मैंने देखा है वे चली जा रही हैं
ट्रेन पटरियों से
पानी के कुओं से
छतों की फिसलनों से
चली जा रही हैं
जीने की उम्मीद में खुदकुशी करतीं
लड़कियाँ उड़ती चली जा रही हैं।

उसकी कविता

उसकी कविता में है प्यार पागलपन विद्रोह
देह जुगुप्सा अध्यात्म की खिचड़ी के आरोह अवरोह

उसकी हूँ मैं उसका घर मेरा घर
मेरे घर में जमा होते उसके साथी कविवर
मैं चाय बनाती वे पीते हैं उसकी कविता
रसोई से सुनती हूँ छिटपुट शब्द वाह-वाह

वक्ष गहन वेदान्त के श्लोक
अग्निगिरि काँपते किसी और कवि से उधार
आगे नितम्ब अथाह थल-नभ एकाकार
और भी आगे और-और अनहद परम्पार

पकौड़ों का बेसन हाथों में लिपटे होती हूँ जब चलती शराब
शब्दों में खुलता शरीर उसकी कविता का जो दरअस्ल है एक नाम

समय समय पर बदलती कविता, बदलता वर्ण, मुक्त है वह
वैसे भी मुझे क्या, मैं रह गयी जो मौलिक वही एक, गृहिणी

गृहिणी, तुम्हारे बाल पकने लगे हैं
अब तुम भी नहीं जानतीं कि कभी कभार तुम रोती हो
उसकी कविता के लिए होती हो नफरत
जब कभी प्यार तुम होती हो।

(हंस 1997)

उफ् हुमैरा

सारी खिड़कियाँ खुल गयी हैं
धूप भी बारिश भी है
प्रजापति मँडरा रहे
वरवधू सियारों पर

पृथ्वी पर बसे चर-अचर
सड़क गाँव महानगर
ओ, ओ, ओ
रोक लो सभी झगड़े फसाद
सभी स्पर्धाएँ, सभी मुकदमे

अपनी अपनी खिड़कियों से देखो
खड़ी गुलमोहर के नीचे एक
लड़की खिलखिलाकर हँस रही है

उसका हँसना एक किताब है
जिसमें अर्जुन चिड़िया का दिल देखता है
रखता है धनुषबाण जमीं पर
जिसे पढ़ हमारे जहन में उभरते हैं
पहले शब्द

हम बन जाते हैं किताबें
हमारे इर्द गिर्द धड़कनें हैं उमंग उमंग

हड्डियाँ बोलतीं उछल उछल

उफ़् हुमैरा इस बार लौटने का दुख
इस कुछ समय का सुख होगा

जब लगता है दुनिया में जगह जगह
तुम्हारी खिलखिलाती प्रतिकृतियाँ होनी चाहिए
यह नील यह बासंती यह सुख
यह कैसी तकलीफ कि
इस वक्त सारी खिड़कियाँ सिर्फ मेरे कमरे से खुली हैं।

(पश्यंती 1997)

कविता वर्कशाप में अभ्यास

मैं भी लिखूँगी
इन्हीं दस मिनटों में
एक एक मिनट
एक एक क्षण मैं भी जिऊँगी
उसी तकलीफ उमंग आनन्द में
जो इन दो दिनों ने
हमारी साँसों को दिए उपहार

मैं भी लिखूँगी
लिखते लिखते बनूँगी कविता
पढ़ेंगे मेरे दोस्त मेरी सखियाँ मेरे हमसफर
चलेंगे साथ साथ
कहीं दूर नहीं बस इधर उधर
ढूँढ़ेंगे पेड़-पौधे आकाश पहाड़
हाँ हाँ सड़कों पर रख हाथों में हाथ
हँसते गाते चलेंगे बस चलेंगे बनेगा अपना संसार

मैं भी लिखूँगी
इन दिनों की बातें
दिन में लिखूँगी या लिखने को होंगी रातें
बार-बार लिखूँगी
ये सवाल, यह सीखना साथ-साथ
बस ये छोटी मुलाकातें

लिखते लिखते एक दिन
मिलेंगे दूर किसी गाँव या शहर में
वहाँ हमारी नदी होगी
बहती जिसमें साँसों की गीतों की कविता की धार।

(पश्यंती 1997)

मैंने कहाँ जाना

मैंने कहाँ जाना
कि शरीर क्या होता है
शरीर को जानने के लिए
मुझे जो शरीर से होना होगा दूर

कैसे होऊँ मैं दूर शरीर से
मैं शरीर तुम्हारे शरीर में जो समाई।

(पल-प्रतिपल 2005)

मैंने सुना

बेटी आठवीं में आ गयी है उन्होंने कहा
देखते-देखते दसवीं में चली जाएगी उन्होंने कहा
एक दिन विदा हो जाएगी।

यह कविता क्यों है आलोचक डाँटेंगे
इसमें कौन सी छोटी बात बड़ी बनती है
इस टिप्पणी पर तुम कहोगे
नहीं-नहीं बात छोटी बड़ी की नहीं कविता की है।

बात कविता की है फिर कहूँ
उन्होंने कहा बेटी एक दिन विदा हो जाएगी
मैंने सुना।

(पल-प्रतिपल 2005)

सपनों में उनके भी

नीली आँखें भूरी आँखें
अथक श्रम से सँजोईं
आँसू आँसू से सम्पन्न
थिरकन कम्पन स्पन्दन

खबरों के बीच में आती हैं
नायिकाएँ हमारे लिए
ये इसी तरह रहेंगी
जब तक इनकी कीमत रहेगी

वे तोड़ती हैं अपने ये क्षण
जब लेंस ढका जाता है
अचानक उतर आता है अँधेरा

आईने के सामने खड़ी हो
उतारती हैं तहें रासायनिक
मन ही मन होतीं तब चाँद पर कि
तिरछी नजरों और लचकते कूल्हों से
वे काबिल हैं हम सबको धोखा देने में

कभी कभी चाँद हिल जाता है
कि गर हम जान जाएँ उनके सच
कि सब कुछ उतर जाने पर वे होती हैं औरतें

जैसी हर औरत होती है
हर कहीं किसी दीवार से जूझती

फिलहाल वे चल पड़ी हैं
अगले छल की तैयारी में
इस बीच कुछ देर वे लेट जाएँगी
सपनों में उनके भी आएँगे दानव

काँपेगी देह उनकी भी

जब गुजरेगा रात का पहरेदार सीटियाँ बजाता।

(प्रेरणा 2008)

तीन सौ युवा लड़कियाँ

तीन सौ युवा लड़कियाँ
दबी पड़ीं मलबे के नीचे।

तीन सौ युवा लड़कियो
क्या था तुम्हारे मन में
उन आखिरी क्षणों में

तीन सौ युवा लड़कियो
तुम डर रही थीं कि
तुम्हारे जाने-जानां का क्या हश्र है

तीन सौ युवा लड़कियो
तुमने चीखकर अल्लाह को पुकारा
वह कहीं नहीं है

तीन सौ युवा लड़कियो
तुमने चीखकर अम्मा को पुकारा
वह रो रही अपनी पीड़ाओं के भार तले

तीन सौ युवा लड़कियो
तुम्हारे अब्बा पहली बार रो रहे हैं

तीन सौ युवा लड़कियाँ

मलबे के तले दबी हुई
कुलपति ने भेजा सन्देश
होस्टल के मलबे में दबी पड़ी हैं
तीन सौ युवा लड़कियाँ।

(बीबीसी डाट काम 2007) सन्दर्भ : काश्मीर भूकम्प 2005

अकेली औरत का काम

हमारे समय की हिन्दी है
समकालीन ज्वलन्त मुद्दों के बीच
जगह बनाती है कविता पर बातचीत

कवि ने प्यार और मार्क्स-लेनिनवादी खयालों के बीच
बनाया है पुल
कह रहा है पृष्ठ जहाँ घना आस्मान नहीं
घने आस्मान में डुबकी लगाता कवि है

28 सितम्बर को 4 अक्तूबर वाला अंक बाजार में है
पिछला अंक बिका कई लाख प्रतियों में
कमाल कवि का नहीं हिन्दी का है
अकेली औरत का काम मुखपृष्ठ का है

औरत भले ही रही पृष्ठदेश में
पृष्ठदेश उसका दिखता है उभरा हुआ
बात कविता की या गद्य की।

बिल्लो

तुम्हारे लिए दो पल रो रहा हूँ बिल्लो
मुझे आज तक नहीं मालूम कि वह क्या वजह थी
कि तुम्हारी शादी तुमसे तीस साल बड़े मर्द के साथ की गयी थी
मुझे नहीं पता कि जब मिस्टर चौहान तुमसे मिलने आया था
उसे बापू ने दरवाजे से क्यों लौटा दिया
मैं तो सिर्फ इसलिए रो रहा हूँ कि तुम मुझे बहुत खूबसूरत लगती थीं
मैं ऐसी कविता नहीं लिख सकता जिसमें आलोचक तुम्हारा होना उचित समझें
मैं तो यही कह सकता हूँ कि उस बाली उमर में भी जानता था
तुम औरत हो तुम खूबसूरत हो तुम्हें एक मर्द का सीना चाहिए था बिल्लो
आज इस अधेड़ वय में रो रहा हूँ कि मैं इतना छोटा था
कि तुम्हें कहना नहीं सीखा था कि तुम पके भात सी महकती थीं

मैं ढूँढ़ता हूँ तुम्हें कि तुम मेरे ब्रह्माण्ड में ही हो
तुम्हें आबिदा परवीन की ग़ज़लें सुनाता हूँ
गोया तुम्हारे आँसू मेरी कृष्णकली के आँसू हैं।

मेरी कृष्णकली को मैं बहुत प्यार करता हूँ
मेरा दर्द जिसमें रोना तुम्हारे लिए भी शामिल है
मेरी असफलताएँ जिसमें तुम्हें खो देना भी शामिल है
मेरे सपने जिसमें तुम्हें हँसता देखता हूँ अक्सर
बतलाता हूँ मेरी कली को कि दुनिया में हर किसी को आनी चाहिए शर्म
कि तुम्हारी महक गायब हो गयी इस तरह कहीं

मैं बतलाता हूँ कि तुम्हारे गाए गीतों की धुनें जगाती रहती हैं मेरी रातों को
अनजान शहरों गलियों में भटकता हूँ अँधेरे को चीरता ढूँढ़ता तुम्हें
अनजान आकाशगंगाओं में जहाँ कहीं भी आती है गन्ध प्राण की पहुँचता हूँ
मैं ढूँढ़ता हूँ तुम्हें कि तुम मेरे ब्रह्माण्ड में ही हो।

वह दिखती है साथ

एक बादल
कई बादल
हर बादल पर वह

मुझे देख
उसकी जमी मुस्कान
पिघलती काँच के पार

इस यात्रा में भी वह साथ है
वह दिखती है
छूटती हुई
वह दिखती है साथ
धातु पंखों पर
बैठी बेहिचक समर्पित

उसकी बाँहें कब की फैली हुई हैं
लौटना है उसी गुफा में
दिन डूब चला है
नींद की चादर लिए खड़ी वह।

फिक्र

अपने सफेद खेल के जूतों में
खिलाड़ी लगती हूँ
इस वक्त जब चेहरे पर सुगन्धित तेल मल रही हूँ
जीन्स पहनकर भी
मेरी अधेड़ उम्र छिपती नहीं
मेरा मुझसे बूढ़ा पति
चेहरा ढक कर सोते हुए मुझे नहीं
किसी और लड़की को सपने में देखता है

ऐसी बातें मुझे पता हैं
जैसे होती हैं हर औरत को
इस अवांछित परिकथा को
वक्त गुजारने का साधन मान
कर जीती हूँ

इस वक्त मेरे खयालों में मेरा बेटा है
जो एक बड़े शहर में एक शाम
एक हसीन लड़की को देने का इन्तजार कर रहा है

ऐसा सोचते हुए
मैं हाथ झाड़ती हूँ
देखती हूँ मेरे पास बैठा

यह भूरा व्यक्ति
अपनी भाषा में कविता लिख रहा है

मुझे कविता में रुचि नहीं
फिक्र है कि हाथ झाड़ने पर उसके कपड़ों पर
तेल के छींटे तो नहीं पड़े।

लज्जा पुरुष का आभूषण

मर्दों के बच्चे नहीं होते
मर्द हमेशा ज्यादा काम करते हैं
ऐसा सोचते हुए
मेरा बॉस मुझे देखकर
हँसकर मेरे हेयर कट मेरे कपड़ों की प्रशंसा करता है

मैं लेट नहीं आ सकती
लेट आने से वह आएगा
मेरे बालों में हाथ डालेगा
सहानुभूति से पूछेगा
आज खाना बनाने में देर हो गयी क्या?

मैं नहीं बतला सकती
ठीक घर से निकलते वक्त
फिर से प्रेशर आया
और दिन भर की परेशानी से बचने के लिए
मैं टायलेट हो आयी।

मेरी मुस्कान उसकी आँखों में तीर सी चुभेगी
वह झेंपता नजरें झुकाएगा
और एक बार
लज्जा पुरुष का आभूषण बन जाएगी।

नदियाँ

बहुत पहले कहीं से चलीं
उम्र के अनगिनत पड़ावों में
कहीं तेज कहीं धीमे बहतीं
आज यहाँ उसकी झुर्रियों में।

बीच में एक फिसलता सा धब्बा है, जहाँ अलग-अलग
नाम खुदे हैं। बहुत पहले कहीं से चलीं, आज उसकी झुर्रियों में।

(नाबार्ड पत्रिका 2001; पाठ 2009)

ऐसे ही

ऐसे ही आओगे शाम-दर-शाम
सुनोगे प्रयोगवादी कवियों की उत्तम कविताएँ
सुनोगे बार-बार कि तुम कम्युनिस्ट विचारधारा के हो
और तुम्हें अच्छी नहीं लगतीं ये कविताएँ

न-न कहते थक जाओगे
एक दिन चुप रह के सोचोगे
तुम्हारे सिवा भी कोई और चुप है

जानती हूँ सोचोगे शाम-दर-शाम
मेरा चुप बैठे रहना
लौटोगे घर ठोंकोगे माथा
दीवार पर सोच-सोच मेरा चुप बैठे रहना

चिढ़ते रहोगे मुझपर
कहोगे बार दो बार
कि मुझ को भी कहना चाहिए कुछ
कि कहने को कुछ मेरे पास भी होगा

एक दिन ऐसा आएगा
झगड़ोगे चिल्ला-चिल्लाकर
तब भी बैठी रहूँगी
चुपचाप और तुम चले जाओगे

तुम्हारा झगड़ा होगा
बूढ़े कवि को शराब पिलाने पर
या बस यूँ ही किसी शादी या
बेमतलब सरकारी बर्बादी पर

सिर्फ जानूँगी मैं कि झगड़ना
तुम्हें मुझसे है फोन करोगे शराब पीकर
हँसकर कहूँगी हमें जाना है कहीं
फिर भी कहते रहोगे कुछ
जो नहीं बदलेगा मेरा चुप रहना

तुम नहीं आओगे लौटकर नहीं करोगे फोन
भूलते भूलते याद करूँगी तुम्हें
एक दिन लगेगा तुम कभी तो लौटोगे

हे भगवान!
चुप रहते रहते बूढ़ी हो जाऊँगी एक दिन
फिर भी तुम नहीं आओगे लौटकर।

(हंस 1998)

सालों बाद मिलने पर

सालों बाद मिलने पर
वह दिखती है धरती का बोझ ढोती
स्मृति से बहन-भाई माता पिता लुप्त हो गये हैं
कभी कभी बेटी आकर साथ लेटती है
और हल्की सी याद आती है
उसे माँ की बहनों की
स्त्रियाँ थीं वे भी
जिनकी धरती इस धरती से न ज्यादा न कम ठोस थी
बोझ ढोती रहीं वे भी इसी तरह आजीवन

बेटी सीख रही है सही गलत उपाय बोझ से उबरने के
उसने सीख लिए हैं राज शरीर के
जैसे उसकी माँ आसानी से भूल गयी है
झुर्रियाँ समय से पहले ही दिखतीं त्वचा पर
जैसे बेटी के बदन में नहीं कहीं भी रोंए

उसे देखकर लगता है एकबारगी
कि स्त्री होती है विरक्त स्वभाव से
देखोगे अँधेरे में जब कदाचित खुली आँखें
खुश दिखेगी यह सोचती कि
समन्दर चाहतों का उमड़ता बेटी के नखरों में।

जाने के पहले उसने जो कुछ कहा था

जाने के पहले उसने जो कुछ कहा था
उसके जाने के बाद डीकोड कर रही है औरत
कभी किसी फूल को छूकर उसने चाहा था
कि औरत उसे बाँध रखे बाँहों में
कभी खुली हवा में लम्बी साँस लेते
वह उड़ना चाहता था औरत के साथ
कभी कहा था उसने कि औरत से दूर होकर वह मर जाएगा
औरत सोच रही है कि इस विज्ञान को क्यों नहीं किया था रप्त
ताकि रोक लेती उसे वह दूर होने से

जाने से पहले की बातों को सोचने के लिए
बाकी रह गयी है औरत की जिन्दगी
सुबह से शाम और कभी कभी नींद में भी
औरत उसकी बातों को करती है याद
इस तरह वह गया नहीं है सचमुच
जैसे पहले बाँध रखा था औरत को उसने
तकरीबन उतना ही बँधी है वह अभी भी उससे।

(शब्द संगत 2009)

तुमने पूछा

तुमने पूछा कि बारिश हो रही है
और बारिश होने लगी
क्या तुम पूछ नहीं सकतीं
कि दिख रहे हैं मुझे सुखी परिन्दे
मैं चाहता हूँ कि विलुप्त हो गयी
गौरैयों के बारे में पूछो
मुझे यकीन है कि
तुम्हारे पूछने पर उड़ आएँगी वे
जहाँ भी वे पिंजड़ों में बन्द हैं
या अतीत के बिन्दुओं पर से
यहाँ चहचहाने को
मुझे एक बार भरोसा दिलाने को
कि बुरे दिनों का अन्त हो सकता है

पूछो तुम यह भी कि
आशीष लिख रहा है कविताएँ
और मुझे हर सुबह
जीमेल पर मिलने लगें
युवा कविताएँ जिनमें
जिन्दा हो दादी की दुनिया
जिनमें तकलीफ न हो
समन्दर किनारे जला दिए घरों की

यह महज जिद नहीं
बहुत गहरी तमन्नाएँ हैं कि
तुम पूछो धुआँ हट रहा है
और सूरज दिखे साफ
जितना भी गर्म क्यों न
पूछो कि पूछ रहा हूँ मैं।

(हंस 2008)

स्केच

अभी कोई घंटे भर पहले शाम हुई है
हाल के महीनों में धड़ाधड़ व्यस्त हुए
इस इलाके की सड़क पर दौड़ रही हैं गाड़ियाँ
कहीं न कहीं हर किसी को जाना है औरों से पहले
और शाम है कि अपनी ही गति से उतर रही है
एक काला शरीर सड़क के किनारे
पड़ा है इस बेतुकी लय में बेतुके छन्द जैसा
ठीक इस वक्त पास से गुजर रहे हैं दो विदेशी
महिला ने माथे पर पट्टी पहनी है
अंग्रेजी की खबर रखने वाले इसे बँधाना कहते हैं
दो चार की जुटी भीड़ से बचते जैसे निकले हैं वे
इसे नीगोशिएट करना कहते हैं
हालाँकि इस शब्द का सही मतलब सन्धि सुलह जैसा कुछ है
दो चार लोग जो जुटे हैं आँखें फाड़ देख रहे हैं
आम तौर पर होता कोई पियक्कड़ यूँ सड़क किनारे गिरा
थोड़ा बहुत बीच बीच में हिलता हुआ
पर यह मरा हुआ शरीर है बिल्कुल स्थिर
दो चार में एक दो कुछ कह रहे हैं जैसे
कि कौन हो सकता है या है
यह शरीर किसी गरीब का
उतना ही कुरूप जितनी सुन्दर वह विदेशी महिला
क्या कहें इसे यथार्थ या अतियथार्थ
यह भी सही सही अंग्रेजी में ही कहा जाता है.

वैसे भी इन बातों पर विशद् चर्चा करने वाले लोग
कहाँ कोई भारतीय भाषा पढ़ते हैं
इस स्केच में अभी पुलिस नहीं है
बाद में भी कोई ज्यादा देर पुलिस की
इसमें होने की सम्भावना नहीं है
भारत के तमाम और मामलों की तरह पुलिस कहाँ होती है
और किसके पक्ष या किसके खिलाफ होती है
यह भाषाई मामला है
बहरहाल फिलहाल इस स्केच को छोड़ दें
जो मर गया है उसको मरा ही छोड़ना होगा
अगर थोड़ी देर रोना है तो रो लो
जो जिन्दा हैं उनके लिए रोने की अवधि लम्बी है
इसलिए आँसुओं को बचाओ और आगे बढ़ो।

(प्रतिलिपि 2009; उद्भावना 2009)

समुद्र-1

हर रोज इठलाता उमड़ता। हम उसके साथ खेलते, दौड़ दौड़ उसे छूते।
हमने बाँध रखा था उसे जमीं की हदों से।

हम देखते उसकी मजबूरी कभी आगे कभी पीछे होने की।
धरती ने अँगड़ाई ली और वह हटा दूर। पीछे पीछे हम थे।
कभी खड़े देखते उसे आ छू का खेल खेलते। फिर वह लौटा।

उसकी लपेट में हमने आखिरी बार आकाश देखा।
वह आकाश को भी निगल रहा था।
हमारे साथ रसातल में थे हमारे धर्म, हमारी रीतियाँ, हमारे प्रेम।
पहली बार जाना हमने उसका पागल प्रेम।

(वर्तमान साहित्य 2005)

समुद्र-2

आँकड़े हैं मलेरिया प्रभावित जनसंख्या के
आँकड़े हैं लहरों में खो गये सपनों के
आँकड़ों की स्लाइडें ढूँढ़कर चमक उठी हैं उसकी आँखें
बेटा चर्च के कंगूरे पर चढ़कर बच गया है
गायब हैं बीवी और बेटी नामक दो प्राण
तकरीबन विध्वस्त धरती पर चलता है वह
नया साल है, नये आँकड़ों में छिप गये हैं दुःख और प्रेम
साथ चल रहे कदमों को लहरों के पास जाने से
रोकते हुए सोचता है
उनको रोकने की जो कहीं नहीं हैं
साथी की आँखों में आँसू हैं
जिन्हें उँगलियाँ बनाती हैं डिजिटल आलेख
दूर दूर तक लोग रोते हैं उसके लिए
ढूँढ़ रहा है जो कुछ और स्लाइडें।

(प्रतिलिपि 2009)

समुद्र-3

'ईश्वर दिन है
ईश्वर रात है
ईश्वर शीत है
ईश्वर ग्रीष्म है
ईश्वर युद्ध है
ईश्वर शान्ति है
ईश्वर क्षुधा है
ईश्वर तृप्ति है' – हीराक्लितुस

हमने कभी कोई शिकवा नहीं किया
खेलने ही गये थे
पकड़ते थे मछलियाँ भी
निर्वाह के लिए
मुस्कान बच्चों के चेहरे पर के लिए
तो क्यों यह?
तुम अन्धकार, तुम युद्ध, तुम विनाश
क्या हमारे ही लिए?
तुम्हारा नाम लेकर जो तोड़ते शान्ति हर सुबह
जिनकी भूख कभी नहीं मिटती
जो कभी न होते तृप्त
वे हँस रहे हैं
रे अलीक, असम्भव
अब इतिहास नहीं

अन्त हुआ तेरा
मैं मानव अपने इस विचार को देता शाप
कुछ नहीं ही था, जिसे कुछ बनाया सींच
आज से तू कुछ नहीं
कोई शब्द नहीं कोई ध्वनि नहीं
तू निरी कपोल कल्पना
तू हुआ खत्म।

गाओ गीत कि कोई नहीं सर्वज्ञ

पूछो कि क्या तुम्हारी साँस तुम्हारी है
क्या तुम्हारी चाहतें तुम्हारी हैं
क्या तुम प्यार कर सकते हो जीवन से,
जीवन के हर रंग से
क्या तुम खुद से प्यार कर सकते हो
धूल, पानी, हवा, आसमान
शब्द नहीं जीवन हैं
जैसे स्वाधीनता शब्द नहीं,
पहेली भी नहीं युवाओ,
मत लो शपथ गरजो कि जीवन तुम्हारा है
जमीं तुम्हारी है यह जमीं हर इंसान की है
इस जमीं पर जो लकीरें हैं गुलामी है वह
दिलों को बाँटतीं ये लकीरें
युवाओ मत पहनो कपड़े
जो तुम्हें दूसरों से अलग नहीं
विच्छिन्न करते हैं

मत गाओ युद्ध गीत चढ़ो,
पेड़ों पर चढ़ो पहाड़ों पर चढ़ो
खुली आँखें समेटो दुनिया को
यह संसार है हमारे पास
इसी में हमारी आजादी,
यही हमारी साँस

कोई स्वर्ग नहीं जो यहाँ नहीं
जुट जाओ कि कोई नर्क न हो
देखो बच्चे छूना चाहते तुम्हें
चल पड़ो उनकी उँगलियाँ पकड़
गाओ गीत कि कोई नहीं सर्वज्ञ,
कोई नहीं भगवान हम ही
नयी भोर के दूत

हम इन्सां से प्यार करते हैं
हम जीवन से प्यार करते हैं
स्वाधीन हैं हम।

वह जगह

उस जगह में हर जगह
लोग थे मिट्टी में खड़े हुए
उनकी नीली नसें थीं धड़क रहीं
पर वे थे स्थिर अड़े हुए।

वे जन्मे थे कुचले जाने को
कहना था कसाइयों का
क्रूर अन्त उनकी किस्मत
नारा था बलवाइयों का।

उस जगह हर जगह
काली काली बारिश हुई
लोगों ने बदन पोंछा
तौलियों से चूने लगा खून

उस जगह हर जगह
मैं भी था तुम भी थे
काली बारिश की टिप टिप में
भ्रूणों के टुकड़े होते देख रहे
मैं भी था
तुम भी थे।

डायरी के पन्नों से : 1 मार्च 2002

1

सुबह से लगातार बारिश।
भीगी ठण्ड।
है भी पर अवांछित किस्म की तपिश।
दफ्तर के काम हैं, बाल भी कटवाने हैं
अहमदाबाद में बढ़े हुए बाल कहाँ कटेंगे?
जो बाल जल जाते हैं, उनके बारे में चारू और विनय
ई-मेल में लिखेंगे। चारू विनय, तुम ठीक हो न?

2

सौ आदमी चार घण्टों में पचास आदमी जलाते हैं
हजार आदमी छीनेंगे कितने सपने चार दिनों में?
कितनों को नंगा करेंगे? कितनों पर डालेंगे तेजाब?
कितनी सूचनाएँ आएँगी?
कितनी शिलाओं पर कितने खून के धब्बों की?
कितनी अयोध्याएँ हैं मेरे देश में?
सोमवार को बेटी का गणित का पर्चा है।
कॉपी पर कलम बना रही तस्वीरें।

3

उनकी कोशिशों को मैं हास्यास्पद दौर मानता रहा
हर सुबह नींद टूटती कर्ण विदारक स्तुतियों से।

हिमालय के जंगलों में भी मौजूद थे वे।
मैंने माना कि यह हिटलर का युग नहीं और
बसन्त के स्वागत में उड़ाता रहा पतंग।
घुप्प अँधेरे भूकम्प के झटकों ने जगाया मुझे।
उन्होंने पहाड़ों पर लगा दी आग।
आग के समन्दर में डूब रहे जाने-पहचाने लोग।
हारने से पहले आखिरी हँसी हँस रहा था हिटलर।

(दैनिक भास्कर 2002)

जन-जन

जन-जन का चेहरा एक
मुक्तिबोध
फिर कहो मेरी कलम से
जन-जन विक्षिप्त
यूँ ही घबराया, एकाकी
यूँ ही आश्रय की खोज में लिप्त

यूँ ही आसक्त, यूँ ही विरक्त
यूँ ही समझौतापरस्त
यूँ ही व्यक्तिवादी
यूँ ही समष्टि में खोया
सुख-दुःख में क्लान्त
परिश्रान्त।

(नाबार्ड पत्रिका 2001)

स्मृति

बड़ी सुबह दरवाजे पर दस्तक एक स्मृति।
साथ सही-गलत खाते में मौजूद अन्य स्मृति।
इन दिनों अकेले में भी टेलीफोन पर कम्प्यूटर पर।
शाम शायरी जाम साकी बन आती स्मृति।

उसके अलग अन्दाज अलग स्मृति।
स्मृतियों की भी स्मृति।
अनन्त स्नायुतंत्र।

कौन भारमुक्त।
अन्त तक जीती स्मृति।
फिर भी धन्यवाद कि दस्तक देती स्मृति।

धन्यवाद कि वापस
मनःस्थिति-अवसाद।
वापस कवि की उक्ति
फिर भी शान्ति, फिर भी आनन्द
वापस कवि की नियति।

मैं अब इराक के बारे में नहीं लिखूँगा।
दजला-अफरात स्मृति
बेरिंग दर्रा पारकर धरती के उस ओर स्मृति।

निरन्तर हारे हुए लोगों की
फिर-फिर उठ खड़ी होती स्मृति।
मैं इराक पर नहीं लिखूँगा।

मैं जब रोता हूँ
तुम भी रोते हो
मैं जब रोता हूँ
तुम रोते हो
स्मृतियों की भी स्मृति
अनन्त स्नायुतंत्र।

(पहल 2004)

एक के हाथ में कटोरी भरी रेत है

एक के हाथ में कटोरी भरी रेत है और वह थोड़ा थोड़ा हिलाकर रेत गिरा रहा है
दो चार इकट्ठे एक जगह शोध कर रहे हैं किसी पत्रिका के फटे पन्ने को लेकर
जो सबसे छोटा है वह अक्षरों को उलटा पढ़ रहा है
उसने ढूँढ़ लिए हैं अर्थ जो बाकियों के भेजे में नहीं आ रहे

यह देश उनके लायक नहीं है
इस देश के सुन्दर दिखते भले लोग उनके लायक नहीं हैं
फिलहाल वे समर्पित शोधकर्त्ता हैं
ढूँढ़ रहे अर्थ इस अर्थहीन क्रूर बर्बर दुनिया में
कहता हूँ कि एक दिन अर्थ आएँगे उन्हीं शब्दों से
जो आज उनके समक्ष लेटे हुए हैं
नहीं सुनूँगा किसी की जो कहें कि सुन्दर हैं वे और उनकी निरक्षरता
कहता हूँ कि वे पढ़ते रहें पढ़ते रहें।

(शब्द संगत 2009)

हिन्दुस्तान जाग रहा है

हाई बीम सामने के काँच पर टकराकर आँखें चौंधियाती हैं
तकरीबन दृष्टिहीन सा चलाता हूँ गाड़ी
लौटते हुए देखता हूँ हिन्दुस्तान जाग रहा है
मेरी पहली चिन्ता सुरक्षित घर पहुँचने की है

जागते हुए हिन्दुस्तान को देखना
इंसान की बुनियाद से वाकिफ होना है
रेंगता हुआ शहर जागता है
रेंगते हुए शहर के बाहर के इलाके बन रहे हैं शहरी इलाके
रेंग रहा है हिन्दुस्तान एक लिजलिजे गिरगिट की तरह

घर लौटने तक सुबह का उजियारा आने को है
खिड़की खोलने पर दिखता है पिछवाड़े का छोटा सा जंगल
जैसे गलती से बचा हुआ एक जीवन का कोना
गलती से बची हुई हवा
गलती से बचे हुए हैं कुछ पक्षी यहाँ

जाग रहा है पिछवाड़े में गलती से बचा हुआ
हिन्दुस्तान का जीवन।

(शब्द संगत 2009)

आकाश उन्मुक्त

वे तीन हैं या चार
कंक्रीटी दानव सरीखे ऊँचे मकान
और फूस की झोपड़ियों के बीच
परस्पर कमर थामे
एकसा होकर नाच रही हैं

उनके मर्द बैठे हैं एकसाथ
बजा रहे तालियाँ
एक है कि बजा रहा है काठियाँ छोटे से ढाक पर
हिलता है उसका माथा ताल में
उनकी दिमागी नसें नाच रही हैं ताल में

क्या मैं इतनी दूर खड़ा हूँ या मैं बैठा हूँ उनके पास
देर तक सुनता हूँ देखता हूँ
अचानक सोचता हूँ कि किसी से पूछे बिना कैसे देख रहा हूँ
इतना खूबसूरत यह नृत्य
क्या सचमुच इस शाम यह घटित हो रहा है
जब थोड़ी देर पहले देख चुका हूँ कहीं और
उनके बच्चे सीख रहे हैं
ताजा फिल्मी गीतों पर थिरकना

क्या सचमुच महज एक ईश्वर को
खुश करने नाच रही हैं

जब नाचती हैं तो
क्या ढूँढ़ती हैं
इन अट्टालिकाओं से अधिक जीवन्त
गाँव का पहाड़

या शाम जो दिन भर की मजूरी के बाद मुफ्त मिलती है।
धरती की बेटियाँ
भूखी नाच रही हैं
धरती को खुश रखने के लिए

अचम्भित हूँ कि इस धरती ने और सबकुछ के अलावा
दीं मुझे ये औरतें
उनका यूँ नाचना
धरती का मुझे उपहार है
उन्हें यूँ नाचता छोड़कर चलने में
डरता हूँ
ढूँढ़ता हूँ भरोसा कि
नाचती रहें औरतें
और न हो मेरे जीवन से विलुप्त
आकाश उन्मुक्त।

कौन परेशान होता है

कौन परेशान होता है
जब हम दूर से एक दूसरे को पुकारते हैं
मैंने सुनी है हवा की परेशानी साँ साँ
शुक्ल पक्ष का पहला चाँद परेशान दिखता है
इधर मैं उधर तुम परेशान अँगड़ाइयाँ लेते हैं

आज परेशानी के ये लफ्ज लिखने हैं
जब एक नया साल आने को है
हवाएँ बह चली हैं चारों ओर से
और हम ढूँढ़ रहे परेशानी के स्रोत और सबब साथ साथ

जानता हूँ कि हालात जल्दी नहीं बदलेंगे
और परेशानी के ये लम्हे
हमारे साथ रहेंगे जैसे हवा रहती है बदन के साथ
सचमुच आदत हो गयी है कि
जिन्दगी ऐसे ही जंग मार काट के साथ ही गुजरेगी
कमाल यह कि इन हालात में भी हम देखते हैं चाँद
बाँटते हैं एक दूसरे को हवा के बदन छूने का अहसास
जरनल करनल एरिया कमांडर सभी दंग हैं
कि कैसे अनबुझ उठती गिरती हमारी साँस
हालाँकि कोशिश चल रही कि खत्म हो जाए हर प्राण

शुक्ल पक्ष का पहला चाँद परेशान दिखता है
इधर मैं उधर तुम परेशान अँगड़ाइयाँ लेते हैं।

मनःस्थिति-4

पीठ पर अचानक गिरती छत
ठीक बीचोंबीच दबतीं हड्डियाँ
गर्दन उठने की कोशिश में है
घिर आता दर्द भरा काला आसमाँ

* * *

वे बच्चे कैद नहीं हैं
खुले मैदान में चीख पड़े हैं अचानक
मौत ने दिया है उन्हें कुछ समय
सहम जाने को

* * *

अँधेरे से
अँधेरा खटखटा रहा दरवाजा
खोलते ही विलीन होना है
अँधेरे में।

नाइन इलेवन

वह दुनिया की सबसे ऊँची छत थी
वहाँ मैं एक औरत को बाँहों में थामे
उसके होंठ चूम रहा था
किसी वाल्मीकि ने पढ़ा नहीं श्लोक
जब तुम आये हमारा शिकार करने
हम अचानक ही गिरे जब वह छत हिली
एकबारगी मुझे लगा था कि किसी मर्द ने
ईर्ष्या से धकेल दिया है मुझे
मैं अपने सीने में साँस भर कर उठने को था
जब मैं गिरता ही चला
मेरे चारों ओर तुम्हारा धुआँ था

यह कविता की शुरुआत नहीं
यह कविता का अन्त था
हमें बहुत देर तक मौका नहीं मिला
कि हम देखते कविता की वह हत्या
मेरी स्मृति से जल्द ही उतर गयी थी वह औरत
जिसे मैं बहुत चाहता था
आखिरी क्षणों में मेरे होंठों पर था उसका स्वाद
जब तुम दे रहे थे अल्लाह को दुहाई

धुआँ फैल रहा था
सारा आकाश धुआँ धुआँ था

कितनी देर मुझे याद रहा कि मैं कौन हूँ
मैंने सोचा भी कि नहीं
कि मैं एक जिहाद का नाम हूँ
मेरे जल रहे होंठ
जिनमें जल चुकी थी
एक इंसान की चाहत
यह कहने के काबिल न थे
कि मैं किसी को ढूँढ़ रहा हूँ

वह दुनिया की सबसे ऊँची छत थी
मेरे जीते जी हुई ध्वस्त
मेरे बाद भी बची रह गयी थी धरती
जिस पर जलने थे अभी और अनगिनत होंठ
या अल्लाह!

(प्रतिलिपि 2009; साखी 2010)

मैं एक दृश्य देख रहा हूँ

मैं एक दृश्य देख रहा हूँ
मैं देख रहा हूँ कि जिहादी हमला करने को हैं आतुर
और नुसरत फतेह अली गा रहा है
इक घर रब दा और दूजा घर यार का

आओ जिहादिओ मार डालो मुझे
पर मारने से पहले नुसरत के साथ गा जाओ
कि पहले रब को मणावाँ या यार नूँ मणावाँ

दर खुला हो यार का और रब का भी
इससे बड़ा अत्याचार और कुछ नहीं
अब देखो न कि यार के लिए
मैं इस पिछड़े मुल्क की सड़कों में
मीलों चलने को तैयार हूँ

मुझे फिक्र नहीं कि रास्ता पहाड़ी है
और ठहरने की जगहें मेरे मन लायक नहीं हैं
मैं तुम्हारे लिए एक कविता लिखता हूँ ऐ जिहादी
बतलाओ कि तुमने कभी किसी से प्यार किया है
क्या तुम समझ सकते हो कि एक बच्चे की मुस्कान
दुनिया की सबसे खूबसूरत बात है
कि नुसरत फतेह अली सुनकर एक बूढ़ा आदमी झूम कर नाच उठता है
कि पिया घर आये तो हमें अल्ला मिल गया

कि मैं तुम्हें प्यार करना चाहता हूँ ऐ जिहादी
कि लोग किसी मुसलमान से नफरत न करें कि तुम मुसलमान हो
ऐ जिहादी मैं तुम्हारे लिए एक कविता लिखना चाहता हूँ

मैं भी बनना चाहता हूँ मुसलमान
कि मैं लड़ सकूँ अन्यायों के खिलाफ
मैं अपनी प्रेमिका से प्यार करता हूँ
चूँकि मैं तुम्हें प्यार करता हूँ
मैं अपने बच्चे से प्यार करता हूँ
चूँकि मैं तुम्हें प्यार करता हूँ
मुझे कहो कि मैं तुम्हारे लिए लिखूँ एक सुन्दर कविता
और तुम बन जाओ दुनिया के सबसे खूबसूरत प्रेमी
कि मुझे मंगल ग्रह जाने की न सोचनी पड़े
कि मुझे हक हो कि मैं झूमूँ नुसरत के गायन पर चिरन्तन

इक घर रब दा और दूजा घर यार का
नुसरत फतेह अली गा रहा है
मैं देख रहा हूँ कि जिहादी गा रहे हैं

मैं एक दृश्य देख रहा हूँ।

हुसैन सागर पर आज शाम कोई न जाए

नहीं शहर के उस हिस्से में जहाँ मुझे जाना है दंगा नहीं हुआ है।
जहाँ हुआ है, ठीक ठीक किन कारणों से हुआ है, यह मुझे नहीं मालूम
पर सोचता हूँ कि हुसैन सागर पर आज शाम कोई न जाए

सागर के साथ हुसैन का जुड़ना हिन्दुओं को नागवार लग सकता है
बीचोंबीच बुद्ध की प्रतिमा होने पर
कोई मुसलमान परेशान हो सकता है कि हुसैन समन्दर नहीं झील ही सही में
ऐसा कैसे
बौद्धों की औकात मुल्क में कम ही है, उन्हें भी समस्या कोई तो हो ही
सकती है
बाकी सब का भी रब या परम पिता ईश्वर कुछ कुछ तो कहला ही सकता
है अपने भक्तों से

ऐ अप्रतिम विशाल नभ, ओ निर्मल, तू जो परम्पराओं को सीने में लिए शाम
अँधेरे चला गया
तूने तो हुसैन को दिखला दीं झील में समन्दर की लहरें
अब बड़े कवि लेखक भी ढूँढ़ रहे जीवन्त परम्पराएँ और आस्थाएँ

और विशाल टैंकर ट्रक सब हिन्द महासागर के पार कहीं फेंक आने हुसैन
सागर को उठा ले जा रहे हैं
देखने वालों में से एक पूछता है कि आप रो तो खूब लिए हल नहीं बतलाते
एक हल है कि सुबह सुबह दो से चार गिलास पानी पिया जाए

दिमाग को दुरुस्त रखा जाए
दूसरा यह कि हो जाए कविता गद्यमय
पर बन्दूक चलानी सीखा जाए

तीसरा हल यह भी कि ऐलबर्ट आइन्स्टाइन को पढ़ा जाए
कि जितना आश्चर्य आस्थावादी विचारकों की भीड़ देखकर होती है आज
उतना ही हुआ था उस महान वैज्ञानिक को भिन्न कारणों से कभी गाँधी को जानकर

नहीं शहर के उस हिस्से में जहाँ मुझे जाना है दंगा नहीं हुआ है।
मैं ऐलबर्ट आइन्स्टाइन बार बार पढ़ सकता हूँ।

इस तरह मरेंगे हम

मोबाइल पर माँ की आवाज आती है कि
जल्दी कमरे लौट जाओ
और हमें पता चलता है कि
फिर कहीं बम धमाके हुए हैं
हालाँकि सबकी आदत हो चुकी है
धमाकों की खबर को दूसरी दीगर खबरों के साथ सजाने की
फिर भी जल्दी लौट आते हैं
दोस्तों के साथ बातचीत होती है
बातों में धमाके पीछे छूट जाते हैं
बात होती है शहर की
शहर में कहाँ कैसी मटरगश्ती की कि
शहर कितना अच्छा या बुरा है की

धमाके होते रहेंगे
जैसे बस या ट्रेन दुर्घटनाएँ होती हैं
जैसे लम्बे समय तक जहाँ जंग चल रही है
ऐसे इलाकों में होती रहती हैं वारदातें
आदमी को आदत हो जाती है मौत की
जैसे हत्यारों को आदत पड़ जाती है हत्याओं की
माँओं के फोन आएँगे और हम सुनेंगे
जैसे सुनते हैं रिश्ते में किसी की शादी की बात
हालाँकि सावधानी की रस्म निभाएँगे
और जल्दी कमरे लौट जाएँगे

कविता गीत ग़ज़लों का स्वर होगा धीमा
जैसे धमाके और मौत पर अब रोया नहीं जा सकता
जैसे दूसरे दिन अखबार में आयी रोते हुए औरत की तस्वीर
एक बच्चे की तस्वीर जैसी है
जिसका खिलौना टूट गया है
और हँसते हैं हम यह देखते
कि रोता बच्चा कितना सुन्दर है

एक दिन हँसेंगे हम
पास पड़ी लाशों को देखकर
इस तरह मरेंगे हम।

(प्रतिलिपि 2009; साखी 2010)

सुन्दर लोग : चार कविताएँ

1

एक दिन हमारे बच्चे हमसे जानना चाहेंगे
हमने जो हत्याएँ कीं उनका खून वे कैसे धोएँ

हताश फाड़ेंगे वे किताबों के पन्ने
जहाँ भी उल्लेख होगा हमारा
रोने को नहीं होगा हमारा कन्धा उनके पास
कोई औचित्य नहीं समझा पाएँगे हम
हमारे बच्चे वे बदला लेने को ढूँढ़ेंगे हमें
पूछेंगे सपनों में हमें रोएँ तो कहाँ रोएँ

हर दिन वे जिएँगे स्मृतियों के बोझ से थके
रात जागेंगे दुःस्वप्नों से डर डर
कई कई बार नहाएँगे मिटाने को कत्थई धब्बे
जो हमने उनको दिए हैं
जीवन अनन्त बीतेगा हमारी याद के खिलाफ
सोच सोच कर कि आगे कैसे क्या बोएँ।

2

कोई भूकम्प में पेड़ के हिलने को कारण कहता है
कोई क्रिया प्रतिक्रिया के वैज्ञानिक नियमों की दुहाई देता है

हर रूप में साँड़ साँड़ ही होता है
व्यर्थ हम उनमें सुनयनी गाएँ ढूँढ़ते हैं

साँड़ की नजरों में
मौत महज कोई घटना है
इसलिए वह दनदनाता आता है
जब हम टी वी पर बैठे सन्तुष्ट होते हैं
सुन सुन सुन्दर लोगों की उक्तियाँ

इसी बीच नन्दीग्राम बन जाता है गेरनीका

जीवनलाल जी
यह हमारे अन्दर उन गलियों की लड़ाई है
जो हमारी अन्तड़ियों से गुजरती हैं।

3

दौड़ रहा है आइन्स्टाइन एक बार फिर
इस बार बर्लिन नहीं अहमदाबाद से भागना है

चिन्ता खाए जा रही है
जो रह गया प्लांक उसकी नियति क्या होगी

अनगिनत समीकरण सापेक्ष निरपेक्ष छूट रहे हैं
उन्मत्त साँड़ चीख रहा कि वह साँड़ नहीं शेर है
किशोर किशोरियाँ आतंकित हैं
प्रेम के लिए अब जगह नहीं
साँड़ के पीछे चले हैं कई साँड़
लटकते अंडकोषों में भगवा टपकता जार जार

आतंकित हैं वे सब जिन्हें जीवन से है प्यार

बार बार पूर्वजों की गलतियों को धो रहे हैं
ड्रेस्डेन के फव्वारों में

दौड़ रहा है आइन्स्टाइन एक बार फिर
इस बार बर्लिन नहीं अहमदाबाद से भागना है।

4

ये जो लोग हैं
जो कह देते हैं कि हम इनसे दूर चले जाएँ
क्योंकि हमारे सवाल उन्हें पसन्द नहीं
ये लोग सुन्दर लोग हैं

अत्याचारी राजाओं के दरबारी सुन्दर होते हैं
दरबार की शानोशौकत में वे छिपा रखते हैं
जल्लादों को जो इनके सुन्दर नकाबों के पीछे होते हैं

धरती पर फैलता है दुःखों का लावा
मौसम लगातार बदलता है
सुन्दर लोग मशीनों के पीछे नाचते हैं
अपने दुखों को छिपाने की कोशिश करते हैं

सड़कों मैदानों में हर ओर दिखता है आदमी
फिर भी सुन्दर लोग जानना चाहते हैं कि मनुष्य क्या है
सुन्दर नकाब के पीछे छिपे जल्लाद से झल्लाया प्राणी
हर पल बेचैन हर पल उलझा
सच और झूठ की पहेलियाँ बुनता

ये सुन्दर लोग हैं
ये कह देते हैं कि हम इनसे दूर चले जाएँ

क्योंकि हमारे सवाल उन्हें पसन्द नहीं
ये लोग सुन्दर लोग हैं।

(जनसत्ता 2008)

□□